Hans Adam Pöhlmann

Die Erkenntnistheorie Lotzes

Hans Adam Pöhlmann

Die Erkenntnistheorie Lotzes

ISBN/EAN: 9783743369900

Hergestellt in Europa, USA, Kanada, Australien, Japan

Cover: Foto ©Andreas Hilbeck / pixelio.de

Manufactured and distributed by brebook publishing software (www.brebook.com)

Hans Adam Pöhlmann

Die Erkenntnistheorie Lotzes

Die Erkenntnistheorie Rud. Herm. Lotzes.

Inaugural-Dissertation

zur

Erlangung der philosophischen Doktorwürde

der

hohen philosophischen Fakultät

der

k. b. Friedrich-Alexanders-Universität zu Erlangen

vorgelegt von

Hans Pöhlmann

aus Goldkronach.

Tag der mündlichen Prüfung: 4. Juni 1897.

ERLANGEN.
K. b. Hofbuchdruckerei von Aug. Vollrath.
1897.

Referent: Prof. Dr. Falckenberg.

Meinem treusten und besten Freunde

K. Olly, cand. arf.

in herzlicher Liebe gewidmet.

Benützte Litteratur.

Lotze, System der Philosophie, I. Logik, II. Aufl. 1880.
„ , „   „   „ , II. Metaphysik, II. Aufl. 1884.
„ , Mikrokosmus, IV. Aufl. 1888.
„ , Grundzüge der Metaphysik, II. Aufl. 1887.
„ , „   „   Religionsphilosophie, III. Aufl. 1894.
„ , Grundzüge der Psychologie, V. Aufl. 1894.
„ , Grundzüge der praktischen Philosophie, II. Aufl. 1884.
„ , Geschichte der d. Philosophie seit Kant, II. Aufl. 1894.
„ , Kleine Schriften, I. Bd. (ed. Peipers), 1885.
Gercken, Beitrag zur Würdigung der Erkenntnisth. Lotzes Prgrm.
Ed. v. Hartmann, Lotzes Philosophie, Neue Ausgabe.
Stählin, Kant, Lotze, Ritschl, 1888.
Falckenberg, Geschichte der neueren Philosophie, II. Aufl. 1892.
J. E. Erdmann, Grundriss der Geschichte der Philos., 2. Bd, III. Aufl. 1878.

Inhaltsverzeichnis.

I. Metaphysische Grundlage und Ausgangspunkt der Erkenntnistheorie Lotzes.

II. Seine Lehre von Raum, Zeit und Denkformen.

III. Beurteilung der Lehre Lotze's mit besonderer Berücksichtigung der Kritik Hartmanns.

So verschieden auch die Urteile über Lotze und die Bedeutung seiner Philosophie sein mögen, darüber herrscht gewiss kein Streit, dass in ihm ein Mann aufgetreten ist, der in einer Zeit, wo die Königin der Wissenschaft hoffnungslos und verachtet darniederlag, ihr Banner wieder zu Ehren brachte und es bewies, dass die Kraft und Tiefe des deutschen philosophischen Denkens weder von der Hochflut des Materialismus hinweggeschwemmt, noch von der üppig wuchernden wissenschaftlichen Detailarbeit erstickt werden konnte. Man könnte 2 Arten von epochemachender Geistesgrösse unterscheiden, durch welche die Wissenschaft immer um einen grossen Schritt nach vorwärts kommt: einerseits die schroffen, einseitigen Denker; in glücklicher Stunde blitzt ihnen mit unwiderstehlicher Deutlichkeit ein neuer Gedanke auf, der auf dunkle Gebiete, die sich bisher der denkenden Bearbeitung entzogen, plötzlich ein helles Licht wirft; mit zäher Energie halten sie nun diesen Gedanken fest, kämpfen und leiden, wenn es not thut, dafür, überlassen es aber im Grossen und Ganzen anderen, ihn nach allen Seiten abzurunden, auszugleichen und zu vermitteln, und im Bewusstsein der Schranken der neuen Wahrheit sie dem Ganzen der bisherigen Erfahrung und Erkenntnis an der rechten Stelle einzugliedern; solche sind z. B. Athanasius, Kant. Die andern sind wie eine Zisterne, in der sich alle Bäche und Bächlein sammeln, und zu einem Reservoir einer neuen und stärkeren Kraft werden; die verschiedenen Richtungen der bisherigen Entwicklung sind wie in einem Brennpunkt gesammelt und der fruchtbare

Mutterboden aller folgenden Bestrebungen; solche umfassenden Geister waren Aristoteles, Augustin, Leibniz, Schleiermacher, und auch Lotze ist dieser letzteren Art zuzuzählen. Leibnizens Pluralismus und Hegelscher Monismus, Kantischer Idealismus und Herbartscher Realismus, trockener Mechanismus und seelenvollster Spiritualismus haben sich in ihm zusammengefunden und zwar nicht etwa blos zu einem zusammengewürfelten Haufen unbehauener Steine, sondern zu einem bewundernswerten Gebäude edelsten Stils. Rücksichtslos und konsequent dehnt er die Prinzipien der Naturerklärung aus auf das gesamte Gebiet der Wirklichkeit, da Natur und Geist ihm nicht durch eine unüberbrückbare Kluft getrennt sind, und doch steigt er mit wahrhaft poetischem Schwung und religiöser Begeisterung, wenn auch mit ehrerbietiger Scheu empor, um das Universum als Ausdruck der Idee des Wahren, Guten und Schönen zu begreifen. Ferne liegt ihm alles gelehrte Formen- und Phrasenwesen, das die deutsche Philosophie von der englischen so nachteilig unterscheidet; er stellt sich nicht mit absichtlicher Wichtigthuerei von Anfang an auf hohen Kothurn, sondern nimmt die Probleme einfach und natürlich, wie sie gegeben sind, und doch gelangt er zu aussichtsvollen Höhen, auf die ihm der Atemschwache von selbst nicht mehr folgen kann. Einfacher Ausdruck bei grosser Fülle der Gedanken werden ihn auch für nicht philosophisch interessierte oder beanlagte Leser zu einem angenehmen und zugleich lehrreichen Schriftsteller machen.

I. Wenn wir es nun in folgendem versuchen, die Erkenntnislehre L. darzustellen, so müssen wir dem von ihm selbst gewiesenen Weg folgen, der aus der Metaphysik zur Erkenntnislehre führt, aber nicht umgekehrt verläuft. Denn nach L. ist die Erkenntnistheorie nicht das Thor zu der Metaphysik, wofür sie gewöhnlich gilt, sondern vielmehr ein spezieller, angewandter Teil derselben. „Wir werden zuerst uns überlegen müssen, was wir über die Dinge und den Zusammenhang zwischen ihnen denken müssen. Und das gefundene Resultat werden wir dann auf das Verhältnis der Dinge zu uns anwenden und bestimmen müssen, wie weit unsre Erkenntnis reichen kann, weil die Wechselwirkung zwischen uns und den vorzustellenden Objekten nur ein Einzelfall der Beziehung ist, welche wir allgemein zwischen irgend zwei Elementen oder Dingen in der Wirklichkeit bestehend kennen gelernt haben." (Grdz. d. Met. § 4.) Gercken, der sich in seinem Programm in allen wesentlichen Stücken zur Erkenntnislehre L. bekennt, tadelt es am Schlusse sehr, dass L. noch gewisse metaphysische Behauptungen über die „Welt an sich" festhalte und steht allen Behauptungen, die über unsere Gedankenwelt hinaus feste Wahrheitselemente finden wollen, mit unerschütterlichem Skeptizismus gegenüber; denn dieses Gebiet liege eben „ausserhalb unsrer Intellektual-Grenzen; was aber ausserhalb der Intellektual-Grenzen liegt, was sich also nicht mehr logisch garantieren lässt, das fällt nicht mehr in die Aufgabe der Philosophie, das gehört dem Gebiete des Glaubens oder des Gemütslebens an" (Prgr. S. 23). Er bleibt also auf dem Standpunkte von Kants Kritik dr. r. Vern. stehen, ohne den Fortgang zur Kritik dr. pr. Vern., den auch L. in ihm eigentümlicher Weise macht, als rechtmässigen anzuerkennen. Lassen wir die materielle Berechtigung dieses Einwurfes dahingestellt, so viel ist uns nach dem Vorigen gewiss, dass es nicht angeht, L.'s Erkenntnislehre als Richterin über seine Metaphysik aufzustellen; denn für L. sind denknotwendige, im letzten Grunde ethisch-ästhetisch fundierte Behauptungen über die Wirklichkeit an sich das Erste und Wichtigste seiner Weltanschauung.

Wie kommt er aber zu solchen Behauptungen? Wie schon gesagt, nicht durch eine Untersuchung über die Grenzen unseres Erkennens, denn es sei langweilig immer das Messer zu wetzen, ohne zu schneiden, sondern die geschichtlich gegebenen Probleme, die von unsrer Vernunft mit dem unausrottbaren Vertrauen zu sich selbst, dass ihre Erkenntniss die Welt und ihre Zusammenhänge auch wirklich erfassen könne, aufgenommen und bearbeitet werden, sind der Ausgangspunkt seines Philosophierens. Der Glaube an die Voraussetzungslosigkeit erkenntnistheoretischer Untersuchungen sei ja doch auch nur eine Fabel. „Es ist ganz unmöglich, die Grenzen zu bestimmen, innerhalb deren die Vernunft von den Dingen wissen kann, wenn man nicht zur Entscheidung dieser Frage irgend eine Vorstellung über die Natur der erkennenden Seele, irgend eine Vorstellung über die Natur des vorzustellenden Dinges, endlich irgend eine Vorstellung über das Verhältnis, in welchem das Ding zur Seele steht, als bereits gültig voraussetzt, d. h. wenn man nicht wenigstens einen Teil der wirklichen Metaphysik als bereits ausgeführt ansieht, um auf ihn jene Kritik der Vernunft zu stützen." (Grdz. d. M. § 4.)

Durch diese Antipathie gegen die Voranstellung der Erkenntnistheorie zieht sich L. freilich vielfachen Tadel zu, als wolle er damit in die vorkantische Zeit des naiven Dogmatismus zurückrufen, aber gegenüber der so sehr bevorzugten und trotzdem ziemlich unfruchtbaren Pflege der Erkenntnistheorie in unserer Zeit, kann sein Misstrauensvotum nur heilsam wirken, zumal er in der Entwicklung seiner Philosophie die erkenntnistheoretischen Probleme wohl zu würdigen weiss. Es bleibt eben doch wahr, dass man, ohne ins Wasser zu gehen nicht schwimmen kann, und dass unsere Erkenntnisthätigkeit nicht oder wenigstens nicht mit Gewinn isoliert von dem Stoffe, den sie bearbeitet, betrachtet werden kann. Es ist ein Zeichen von Achtung der Geschichte gegenüber, die man der Philosophie in höherem Masse, als es bisher der Fall war, wünschen möchte, dass L. aus ihr die Probleme entnimmt; und in der That, was die Menschheit seit alten Zeiten bewegt hat, und immer aufs Neue ihre Wissbegier anregt, muss für sie auch von ausschlaggebendem Interesse sein, und eine Lehre, die zu deren Aufhellung etwas beiträgt, verdient den Namen Philosophie, auch wenn sie ohne viele erkenntnistheoretische Bedenken einfach von der Geschichte und dem Bedürfnis der jeweiligen Zeit sich ihre Aufgaben stellen lässt.

Suchen wir uns also über die Grundbegriffe der Lotzeschen Metaphysik Klarheit zu verschaffen.

Sein heisst in Beziehungen stehen, Wechselwirkungen sind der letzte Bestand der Wirklichkeit. Es ist irrig, vor dieses wirksame Sein noch ein reines, beziehungsloses Sein setzen zu wollen, denn dieses würde sich ja vom Nichtsein gar nicht mehr bestimmbar unterscheiden, also zu leer sein, um eine geeignete Grundlage der Wirklichkeit abgeben zu können. Auch als Affirmation oder Position in Herbart'scher Weise das Sein definieren zu wollen, ist unmöglich, denn dies sind nur einseitige Abstraktionen, die erst wieder mit der konkreten Fülle, aus der sie losgelöst wurden, verbunden werden müssen, um überhaupt etwas zu bedeuten. Worin besteht nun eigentlich das Was des Seienden? L. weist zunächst es ab, dies als einfache Qualität zu bestimmen; denn Qualitäten seien unveränderlich, adjektivisch, also ungeeignet, das lebendige Werden der Wirklichkeit zu erklären. Einfachheit könne überhaupt von dem Seienden nicht erwartet werden, denn „jede Änderung der Qualität würde dann sogleich eine totale Aufhebung dieses ganzen „Was" werden und alle Kontinuität zwischen dem Vorigen a und dem Späteren α aufhören." Das Seiende muss vielmehr notwendig zusammengesetzt sein. Damit aber das nun veränderte Ganze derselben Formel unterworfen bleibe, müssen wir von diesem Zusammengesetzten eine Einheit verlangen, die eine Veränderung zwar zulässt, sie aber dadurch kompensiert, dass der Veränderung e i n e s Elementes der Zusammensetzung eine korrespondierende aller übrigen nachfolgt. (Grundz. d. M. § 20.) Diese Einheit kann zunächst am deutlichsten dargestellt werden, wenn wir sie nicht nach Analogie einer Anschauung, sondern eines Begriffes denken, also als einheitliches Gesetz, als sinnvolle Formel. Es fehlt dabei nur noch das Konkrete der lebendigen Wirklichkeit, aber in unserer sprachlichen Beschränktheit können wir dem nicht anders abhelfen, als dass wir uns diese Formel eben als eine lebendige, individuelle, wirkungskräftige denken.

Die Sucht, dahinter immer wieder einen realen Kern zu suchen, ist zwar natürlich, weil eine unserem Denken unvermeidliche optische Täuschung; immer wieder versuchen wir alle lebendige Wirklichkeit gleichsam aufzuhängen an einen Träger und ein hinter ihr liegendes Subjekt; doch ist von dem philosophischen Denken diese Neigung entschieden zurückzuweisen, denn gegeben ist weiter nichts, als die der Art ihrer Entstehung nach absolut unbegreifliche thatsächliche Wirklichkeit.

Damit ist auch der Substanzbegriff aus der Welt der Dinge verbannt. In welcher Weise er beim Begriff des Absoluten wieder rehabilitiert wird, berührt nicht unser Thema. „Nun ist in der That „Substanz" nichts als ein Titel, der allem demjenigen zukommt, was auf Andres zu wirken, von Anderem zu leiden, verschiedene Zustände zu erfahren und in dem Wechsel derselben sich als bleibende Einheit zu bethätigen vermag." (Grundg. d. Psych. § 78.)

Die Dinge sind nicht Dinge dadurch, dass in ihnen eine Substanz verborgen ist, sondern weil sie so sind, wie sie sind, und sich so verhalten, wie sie sich verhalten, bringen sie für unsere Phantasie den falschen Schein hervor, als läge in ihnen eine solche Substanz als Grund ihres Verhaltens. (ibid.)

In der Metaphysik werden dann die Dinge weiter als Aktionen, Modifikationen des All-Einen bestimmt, an dem sie erst ihr Recht und eigentliche Wirklichkeit haben. „Allerdings sind sie das, was sie sind, und leisten das, was sie leisten, nicht vermöge eines Rechtes ihrer Natur, das ihnen vor aller Welt zukäme, so dass später die Welt sich danach richten müsste und nur das verwirklichen könnte, was diese Privilegien erlauben. Sie sind und leisten vielmehr alles nur im Auftrage dieses Einen wahrhaften Wesens; und Alles, was wir gewöhnlich als letzte unveränderliche Elemente und Gesetze des Weltlaufes ansehen, hat diese Unveränderlichkeit und diesen Wert auch nur im Auftrage des Plans, zu dessen Verwirklichung es dienen soll." (Grdz. dr. Psych. § 79). Später kommt L. von dem konsequenten Monismus, den er hier lehrt, scheinbar wieder etwas zurück, indem er die Dinge in ihrem Fürsichsein doch eine gewisse Selbständigkeit besitzen lässt, was sich aber doch mit seinem Monismus wohl vereinigen lässt, und nicht, wie Ed. v. Hartmann tadelnd meint, ein herbartisch-pluralistischer Einschlag zu sein braucht.

Die eigentliche Brücke zum Monismus gewinnt L. aus seinen Ansichten über Veränderung und Wechselwirkung. Für unsere Zwecke kommt hier zunächst in Betracht seine starke Betonung der Gegenseitigkeit der Wirkung, so dass zum Resultat des Geschehens der leidende Teil mindestens ebensoviel beiträgt, wie der wirkende.

„Wir haben gesehen, dass Alles, was wir mit Recht Rezeptivität nennen dürfen, nicht in Abwesenheit jeder eigenen Natur, sondern in wirksamer Anwesenheit bestimmter Beschaffenheiten besteht, die allein dem empfänglichen Element erst möglich machen, ihm zugemutete Eindrücke aufzunehmen und aus ihnen seine eigenen Zustände zu machen" (Met. S. 104). — „Einseitige Wirkung eines Dinges auf das andere gibt es daher nie, sondern nur Wechselwirkung, deren vollständiger Begriff so lautet: Wenn zwei Dinge a und b in eine bestimmte Beziehung treten, so geht a in α, b in β, c in γ über." (Gr. d. M. § 33.) „Den ganzen Grund für die Gestalt einer Folge W enthält also nicht ein Wesen a (denn dann würde W nicht erst eintreten, sondern von jeher vorhanden sein), sondern er liegt verteilt in mindestens zwei Wesen a und b, die in irgend einer veränderlichen Beziehung c zu einander stehen. (ibid. § 34.)

Met. S. 55 ff. weist L. falsche Auffassungen der Kausalität ab: sie kann nicht durch Übergang eines feinsten Stoffes gedacht werden, damit wäre das Problem nur zurückgeschoben, da es ja ebenso unbegreiflich bleibt, wie dieser Stoff auf einen anderen wirken könne; ebensowenig als Übergang eines Zustandes, denn dieser müsste dann einen Augenblick in der Luft hängen und Niemandes Zustand sein.

Beim Okkasionalismus, wo gelegentlich der Veränderung in der einen Reihe auch eine solche in der andern eintritt, müsste doch letztere die Veränderung in der ersteren bemerken, aber wie sollte dies geschehen, ohne dass auch hier die Kausalität, die man erklären will, schon voraussetzt; durch eine prästabilierte Harmonie mit Leibniz, die ganze Entwicklungslinie von Anfang an bestimmt zu denken ist eine Verlegenheitsauskunft, und der darin liegende absolute Determinismus entspricht der Wirklichkeit nicht. Wie können die Dinge überhaupt auf einander wirken? L. beantwortet dies dahin: Sie können dies nur, wenn sie einander nicht absolut fremd sind, sondern in einer übergreifenden

Einheit befasst sind; wenn sie überhaupt nicht von einander unabhängig, sondern Teile, besser Aktionen des Alleinen M sind. Damit geht die transeunte Kausalität in eine leicht verständliche immanente im All über.

Wenn wir diese Ansicht von der Kausalität im allgemeinen nun im Besonderen auf die Erkenntnistheorie, d. h. auf die Wechselwirkung von Objekt und Subjekt anwenden, so ergibt sich für L. freilich eine von der gewöhnlichen abweichende Beantwortung der Frage: Worin besteht die Wahrheit? Jene sagt: Wahrheit ist die getreue Abbildung eines wirklichen Thatbestandes, der gleichsam zum zweitenmal in geistiger Form im menschlichen Denken Leben bekommt.

Setzen wir einstweilen die Realität einer Aussenwelt, deren Berechtigung wir später noch prüfen werden, voraus, so ergibt sich für L. nach seinen metaphysischen Grundanschauungen die Ansicht, dass, wenn sich das Ding a in α ändert, in unserem Geiste vermöge des Zusammenhangs in All-Einen an Stelle der Vorstellung b die Vorstellung β tritt; die Vorstellung β hat mit dem Zustande α eigentlich also nicht viel zu thun; sie stehen nur in einem gesetzmässigen Zusammenhang. „Wahrheit besteht dann nur in der Übereinstimmung einer Vorstellung mit derjenigen Vorstellung, welche in bezug auf dasselbe Objekt in allen andern Geistern von derselben Organisation entstehen muss. (Grdz. dr. Met. § 76.)

Es ist ein Vorurteil, anzunehmen, dass die äussere Welt für sich eigentlich schon die ganze Welt bilde, dass die Erkenntnis blos nebenher dazu komme, um diese abgeschlossene Welt noch einmal abzubilden, dass aber durch diese Abbildung nichts Neues zu dem vorherigen Bestande der Welt hinzugefügt werde, dass dieser Bestand vielmehr ganz fertig und vollständig wäre, auch wenn diese Abbildung gar nicht erfolgte. Man muss im

Gegenteil diese Thatsache, dass durch den Einfluss jener äussern Wirklichkeit in den Geistern eine Welt der mannigfaltigsten Erscheinungen entsteht, ebenfalls mit zu dem Inhalte des Weltlaufes und zwar zu seinen wichtigsten Bestandteilen rechnen, sodass die Welt ohne diesen Vorgang gar nicht fertig wäre, und dass sie nicht in einem Sein, welches nebenher erkannt werden könnte, sondern eben nur in dem beständigen Übergang selbst dieses Seins in seine Erscheinung für den Geist besteht." (Grdz. dr. Met. § 77). (cf. ferner Schluss des § 77 und § 78 ibid.)

Zum erstenmale sehen wir hier, dass für L. nicht Seinsurteile, sondern Werturteile das Massgebende sind, dass ihm nicht der Begriff der Wahrheit, sondern der des Wertes und des Zweckes der oberste ist. Farben und Töne, Vorstellungen und Ideen haben Wirklichkeit freilich nur in unserem Geistesleben, aber sind sie deshalb weniger wert? Ein Schmerz, den niemand fühlt, ist auch unwirklich, aber ist der gefühlte deshalb weniger Schmerz? Was die Phantasie des Dichters in die Natur hineinschaut, ist auch nur Erzeugnis seines Geistes, aber sind uns diese seine Gedanken nicht manchmal wertvoller und wichtiger als ihre Veranlassung in der Natur? So sehr L. von Fechner sonst abweicht, hierin begegnen sie sich, die geistige duftige Gestalt, in der die Welt vom Menschen erfasst wird, ist nicht etwas, mit dem wir uns leider begnügen müssen, sondern es ist die edelste Blüte der Wirklichkeit; was hülfe es uns, wenn wir die ganze dahinter liegende Maschinerie noch einsehen könnten?

Dieser eigenartigen Ansicht halber ist L.'s Erkenntnistheorie als zum absoluten Illusionismus führend beurteilt worden (cf. Stählin), aber dies kann man doch nur, wenn man seine eigene Rechtfertigung ignoriert und sich ihm gegenüber immer auf den Standpunkt stellt, den er sich Mühe gibt zurückzuweisen. Haben wir denn in der That ein unvermeidliches Interesse daran, ein Spiegel der Wirklichkeit zu sein? L. folgt hier dem gewiss berechtigten Zuge unsres Jahrhunderts, den ganzen Menschen zu seinem Rechte kommen zu lassen in der Totalität seines geistigen Lebens, und nicht das intellektualistische Interesse einseitig herauszugreifen und allein zu pflegen. L. erinnert an die ähnliche Auffassung, wonach unsre Vorstellungswelt, die eine Folge, nicht Abbild einer Ausserwelt sei, für uns in Betracht komme als Material der Pflichterfüllung, indem sich der Mensch als sittliches Wesen, erkennen und bethätigen soll. Für L.'s monistisch-spekulativen Geist ist dies zu atomistisch und anthropozentrisch gedacht. Drum verlegt er den Zweck der Welt nicht in die einzelnen Geistwesen, sondern in das Universum als höchstes sich realisierendes Gut, gesteht freilich zu, dass dieser höchste Gedanke nur regulatives Prinzip sein könne, ohne die einzelnen Untersuchungen störend beeinflussen zu dürfen. Wir werden noch auf diesen ästhetisch-ethischen Oberbau der Philosophie L.'s zurückkommen.

Wenden wir uns nun zu den erkenntnistheoretischen Fragen im Einzelnen. Drei Auffassungen sind dem Objekte unsres Denkens gegenüber möglich. Entweder man sagt: das Denken kann nicht über sich hinaus, und seine Gedanken sind nichts als zufällige Ansichten, so der Skeptizismus; oder man sagt das Denken könne zu festen Punkten gelangen, deren Realität dann an unser Vorstellungsleben gebunden sein, oder in einer transcendenten, von uns unabhängigen Wirklichkeit begründet sein kann. (Idealismus — Realismus.) Der Unterschied der beiden letzteren Standpunkte verliert bei L. fast ganz seine Bedeutung; mit dem ersteren (Skeptizismus) findet er sich auf folgende Weise ab (cf. Logik III. 1.) Da ja zugestandener Massen nichts anderes als der Zusammenhang unserer Vorstellungen unter einander der Gegenstand unserer Untersuchung sein kann, so beruhe der Zweifel, ob nicht vielleicht doch Alles anders sei, als es uns erscheine, von vornherein auf der bereits zurückgewiesen falschen Definition von Wahrheit. „Auf das mithin, was uns denknotwendig ist, sind wir tatsächlich in jedem Falle beschränkt; das Selbstvertrauen der Vernunft, dass Wahrheit überhaupt durch Denken gefunden werden könne, ist die unvermeidliche Voraussetzung alles Untersuchens" (Log. S. 492). Über den Skeptizismus in der griechischen Philosophie sagt L.: „Als die antike Sophistik lehrte, es gebe keine Wahrheit, und wenn es eine gäbe, so wäre sie nicht erkennbar, wenn sie endlich selbst erkennbar wäre, so wäre sie nicht mitteilbar, so widersprach sie durch die That jedem einzelnen dieser Sätze. Denn das Ganze derselben gab sie doch für Wahrheit und konnte mithin nicht jede Wahrheit leugnen; sie suchte die Richtigkeit ihrer Behauptungen ferner zu beweisen, und musste deshalb eben die mittelbare Erkenntnis der Wahrheit, deren Unmöglichkeit sie am liebsten dargethan hätte, zu ihren eigenen Gunsten voraussetzen; die Mitteilbarkeit endlich leugnete sie in dem Augenblicke, wo sie auf Grund derselben andre überzeugen wollte." (Log. S. 486.) „.... dass endlich, auch wenn man diese unzulässige Beziehung der Vorstellungswelt auf eine ihr fremde Welt der Objekte fallen lässt, dennoch eine Untersuchung übrig bleibt, welche innerhalb der Vorstellungswelt die festen Punkte, die ersten Gewissheiten aufzufinden strebt, von denen aus die veränderliche Menge der übrigen Vorstellungen annähernd in gesetzlichen Zusammenhang zu bringen gelingen kann." (Log. S. 499.)

Dass auf diesem Standpunkte der Unterschied zwischen Idealismus und Realismus fast verschwindet, geht aus folgendem hervor: „Alles was wir von der Aussenwelt wissen, beruht auf den Vorstellungen von ihr, die in uns sind; es ist völlig gleichgültig zunächst, ob wir idealistisch das Vorhandensein jener Welt leugnen und nur unsre Vorstellungen von ihr als das Wirkliche betrachten, oder ob wir realistisch an dem Sein der Dinge ausser uns festhalten und sie auf uns wirken lassen; auch in dem letzteren Falle gehen die Dinge doch nicht selbst in unsere Erkenntnis über, sondern nur Vorstellungen, die nicht Dinge sind, erwecken sie in uns." (Log. 493). L. gibt also ohne Rückhalt zu, dass das uns Gegebene nur unsere Vorstellungswelt ist; aber dies könne der Leugnung der Aussenwelt nicht präjudizieren, da es ja auch bei der Annahme derselben nicht anders sein könnte. Der zum Solipsismus fortgeführte konsequente Idealismus verdient nach L. keine grosse Beachtung. Für die Beteiligung, die L. ästhetisch-ethischen Motiven beim Aufbau seiner Weltanschauung zukommen lässt, ist charakteristisch, dass er jene Konsequenz einfach „geschmacklos" nennt. „Man weiss, dass Fichte die erste geschmacklose Folgerung nicht zog, die allerdings in der Konsequenz dieses Irrtums gelegen hätte, die Folgerung nämlich, dass das einzelne so philosophierende Subjekt sich selbst als die einzige Realität ansehen müsste, die in ihrem Innern allein den Schein einer Mitwelt erzeugte." (Met. S. 184.) u. „.... nehmen wir an, einen Augenblick allerdings sei der einsame Denker versucht gewesen, alle natürliche und geistige Wirklichkeit als gesetzlichen Traum seines persönlichen individuellen Ich, des einzigen Realen, welches er unmittelbar kennt, anzusehen; sein wissenschaftlicher Geschmack jedoch habe ihn durch einige leicht zu ergänzende Mittelglieder wenigstens so weit der gewöhnlichen Meinung wieder genähert, dass die Wirklichkeit der andern persönlichen Geister, mit denen das Leben ihn in Berührung bringt, ihm nicht zweifelhafter als seine eigene ist." (Mikrok. III. S. 528.) Die Annahme einer Geisterwelt ist demnach für L. nicht ernsthaft Gegenstand des Streites und wir sind damit nun wenigstens bei einem objektiven Idealismus angelangt. Vergleiche noch Met. S. 186: „Zwei Punkte würden wir für unaufheblich halten: das Dasein geistiger Wesen, die uns gleichen und die, indem sie ihre Zustände fühlen und sich ihnen als die empfindende Einheit entgegensetzen, eben dadurch dem Begriffe eines Wesens genügen; dann die Einheit des wahrhaft Seienden, das auch für diese Wesen Grund ihres Daseins, Quelle ihrer eigentümlichen Natur und die eigentliche in ihnen thätige Wirksamkeit ist."

Wie steht es aber mit der Frage nach einer dinglichen Aussenwelt? Dem Idealismus erscheint eine Welt, die nur den Zweck habe Mittel für anderes zu sein, weder als existenzberechtigt, noch als existenzfähig. Die Leistungen, zu denen man eine Dingwelt nötig zu haben glaube, seine ebenso gut denkbar als unmittelbare Aktionen des Allgeistes in den endlichen Geistern, die durch Einheit des Ursprunges und des Schauplatzes ihrer Wirksamkeit befähigt sind, ein einheitliches Weltbild in allen Geistern hervorzubringen.

L. gesteht zu, dass, wenn es sich blos um die Begreiflichkeit der Welt handelte, der Begriff eines wirksamen realen Atoms überall durch den einer elementaren Aktion des einen Seienden ersetzt werden könne. Schon vorher hat er die Alternative aufgestellt: wenn es Dinge geben soll mit der Eigenschaft, die wir von ihr verlangen müssen, Einheit in der Veränderung zu bewahren, so müssen sie mehr als Dinge sein, nämlich geistige Wesen mit dem Charakter des Fürsichseins, wie wir ihn aus unserem eigenen Seelenleben kennen, oder sie sind gar nicht; der Idealismus wählt das letztere. L. legt die Möglichkeit der ersteren dar und berührt sich also hier wieder mit Fechner in der Ansicht von der Allbeseeltheit. Nur verwahrt er sich dabei sehr gegen eine falsche Ausdeutung derselben, wenn man nämlich den ganz unmöglichen Begriff eines ausser Gottseins einmenge, „man wird finden, dass man für selbstlose bewusstlose Dinge nicht das Mindeste gewinnt, wenn man ihnen jenes Sein ausser Gott zuschreibt; alle die Festigkeit und alle die Wirksamkeit, welche sie als wirkende und bedingende Kräfte in den Veränderungen des uns sichtbaren Weltlaufes bewähren, besitzen sie, als blosse Zustände des Unendlichen gedacht, ganz in derselben Fülle, als wenn sie als Dinge ausser ihm beständen; ja vielmehr eben nur durch ihre gemeinsame Immanenz in dem Unendlichen haben sie überhaupt, wie wir früher gesehen, diese Fähigkeit der Wechselwirkung auf einander, die ihnen als isolierten, von jenem substanziellen Grunde abgelösten Wesen nicht zukommen könnte." Mikrok. III S. 634. Es liegt dem eine berechtigte, aber in dieser Weise falsch befriedigte Sehnsucht, den Dingen eine gewisse Selbständigkeit zu erhalten, zu grunde. Diese wird recht mässig allein dadurch gestillt, dass man den Dingen das Fürsichsein zuschreibt: „Fürsichsein oder Ichheit ist die einzige Definition, welche den sachlichen Inhalt und Wert desjenigen ausdrückt, was wir von zufälligen übelgewählten Standpunkten aus formell als Realität oder selbständiges Sein ausser Gott im Gegensatze zur Immanenz bezeichnen." (Mikrok. III. 535.)

Der Unterschied dieser seiner Ansicht von der idealistischen wird von L. selbst folgendermassen bestimmt: „Der Unterschied des zuletzt von uns eingenommenen Standpunktes von dem des Idealismus besteht daher nicht darin, dass wir den Dingen ein transcendentes und deshalb reales, der Idealismus dagegen ihnen nur ein immanentes und deswegen nur scheinbares Dasein zuschreibe; vielmehr ist zwischen beiden die andere Differenz, dass die idealistische Meinung, von der Selbstlosigkeit der Dinge überzeugt, ihnen deswegen nur als Zuständen des Unendlichen zu sein gestattet; wir dagegen, im Prinzip hiermit übereinstimmend, lassen als eine Sache, die wir nicht wissen können, dahingestellt, ob die Voraussetzung jener Selbstlosigkeit zutrifft, halten es aber für wahrscheinlicher, dass sie **nicht** zutrifft, und dass alle Dinge wirklich in verschiedenen Abstufungen der Vollkommenheit die Selbstheit besitzen, durch welche eine immanente Produktion des Unendlichen zu dem wird, was wir ein Reales nennen." Mikrok. III, 536.)

Es wird uns bei dieser Sachlage schwer werden, zu entscheiden, ob wir Lotze den Idealisten oder den Realisten zuteilen wollen. Zu erstern sind wir geneigt, wenn wir uns erinnern, dass die Dinge ja nur feste Punkte unserer Vorstellungswelt sind; zu letzterem, wenn wir bedenken, dass unsere Vorstellungswelt ein hochstehender Teil der Wirklichkeit ist, und die festen Punkte in ihr ein von uns unabhängiges Dasein im All-Einen haben. Dieselbe Doppelseitigkeit bemerken wir nun auch, wenn wir in Folgendem Lotzes Lehren über Raum, Zeit und Verstandeskategorieen durchnehmen.

II. Met. § 99 ff. Lotze weist es entsprechend seiner Grundanschauung über den Ausgangspunkt der Philosophie auch hier ab, auf erkenntnistheoretischem Wege zu einem Verständnis des Raumes kommen zu wollen; es handle sich vielmehr darum, welche Auffassung desselben in den denknotwendigen Zusammenhang der Welt passe. Der Raum ist etwas eigenartiges und die Frage nach der Art seiner Wirklichkeit kann nur nach den Ansprüchen dieses seines eigentümlichen Verhaltens entschieden werden; er ist nicht ein Ding, denn wir unterscheiden ja von ihm die Dinge, die in ihm beweglich sind; er ist keine Eigenschaft, denn es können zwar manche nur durch ihn mögliche Bestimmungen, aber nie er selbst als Eigenschaft der Dinge betrachtet werden; er ist nicht eine Grenze, denn Grenzen sind nur unter Voraussetzung von Dingen möglich; er ist nicht eine Form, nicht eine Ordnung, nicht ein Verhältnis der Dinge, sondern das eigentümliche Prinzip, das unzählige Formen, Ordnungen und Verhältnisse der Dinge erst möglich macht und als völlig unveränderlicher Hintergrund Nichts von dem Wechsel und dem Übergange dieser Bestimmungen in einander leidet. Auch ein Gattungsbegriff ist er nicht, denn das Gesetz der Räumlichkeit erzeugt zwischen den verschiedenen Fällen seiner Anwendung andere Verhältnisse als der Gattungsbegriff zwischen seinen Arten; dem Begriffe sind die Arten einfach ohne thatsächliche Zusammengehörigkeit subordiniert, beim Raum kommt noch das eigentümliche Verhältnis des Ganzen zu den Teilen hinzu.

L. schliesst sich zunächst der Kantischen Ansicht von der Idealität des Raumes an; der Raum ist eine agriorische Anschauungsweise unseres Geistes, dem freilich ein äusserer Raum entsprechen könnte, wenn er sich als denkmöglich erweist. Kant hat Recht, wenn er behauptet: Man kann sich niemals eine Vorstellung machen, dass kein Raum sei, ob man sich gleichwohl denken kann, dass keine Gegenstände in ihm angetroffen werden. Die indirekte Begründung, die Kant seiner Lehre durch die Darlegung der Antinomie gibt: Die Welt ist dem Raum nach in Grenzen eingeschlossen, andrerseits: Die Welt hat keine Grenzen, sondern ist unendlich, hält L. nicht für beweiskräftig, denn dieselbe Schwierigkeit bleibe bei der Idealität des Raumes bestehen für die Welt der Realen; mit der Annahme der Endlichkeit der Welt seien beide Ansichten vom Raum gleich verträglich. Die gewöhnliche Auffassung, unter der Kants Lehre populär geworden sei, er sei wie ein Netz, in das die ihm ganz fremde Wirklichkeit eingefangen werde, übertreibt eine schon bei K. merkliche falsche Neigung bis zur Undenkbarkeit; denn die Dinge müssen doch zum mindesten fähig sein, in dieses Netz zu passen, im Reich der Dinge muss irgendwie etwas

Entsprechendes sein, das den Anlass und die Möglichkeit zu geordneter Ausfüllung des Raumes gibt; er nennt es vorläufig ein System intelligibler Beziehungen.

Andre von Kant weniger beachtete Momente führen uns zur Annahme seiner Lehre: die Erwägung der 2 Fragen: wie kann überhaupt dem Raume eine eigne Wirklichkeit vor der Erfüllung mit Dingen zugeschrieben werden? Die andere: Wie soll das Verhältnis von Dingen zu diesem seienden Raum vorgestellt werden? Zur ersten Frage sagt L., dass sie schon dadurch erledigt wäre, dass wir den Raum ja als ein Gewebe von Beziehungen bestimmten, da wir aber in der Ontologie fanden, dass Beziehungen nur Vorstellungen in einem beziehenden Bewusstsein oder innre Zustände in den realen Elementen sein können, so sei die Idealität des Raumes damit eigentlich schon bewiesen. Doch könne es auch ohne diesen Rekurs auf die Metaphysik dargethan werden: Den Raum als gegeben betrachten, heisst eine Wechselwirkung seiner einzelnen leeren Punkte annehmen. „Die Punkte des leeren Raumes selbst kann man nicht wieder in einem früheren Raume so lokalisiert denken, dass aus ihrer Lage in diesem ihre gegenseitigen Beziehungen flössen, sondern um deswillen, was sie selber sind oder tun, müssen sie diese Beziehungen haben und durch dieselben den Raum als Ganzes zusammensetzen. Sind daher die beiden Punkte p und q, so ist ihre Entfernung p q etwas, was es ohne sie nicht gäbe, und was sie durch sich selbst zu schaffen haben." (Met. S. 210.) Gerade diese Wechselwirkung ist aber unmöglich, und damit die Realität des Raums überhaupt.

„Denn die Relation oder Entfernung p q, welche ihrer Natur nach die beiden seienden Punkte p und q zwischen sich setzen sollten, müsste zugleich verschieden sein von jeder andern ähnlichen Beziehung, welche p und r oder q und r aus gleichem Grunde zwischen sich herstellten. Die völlige Gleichheit aller leeren Punkte bringt es aber im Gegenteil mit sich, dass p und q keine andere Relation zwischen sich bedingen können, als jede beliebigen zwei andern Punkte auch; selbst eine Anzahl N vereinigter Punkte, zwischen denen wir feste Relationen bereits bestehend dächten, würde einem hinzugedachten weiteren Punkte s gar keine bestimmte Stelle anweisen können, weil jeder andere t oder u auf dieselbe Stelle gleiches Recht hätte." (Met. S. 212).

Wenn man dieser Auffassung des Raumes den Vorwurf der Künstlichkeit gegenüber der Annahme eines seienden leeren Raumes mache, so vergesse man, dass dieser Vorwurf nicht weniger die letztere Ansicht treffe. Denn auch in diesem Falle kann doch der Raum nicht selbst in das menschliche Vorstellungsleben eingehen, sondern nur Bilder von ihm, die durch Einwirkungen seinerseits entstehen. So muss auf alle Fälle unser Vorstellen vom Raume entstehen; wir kommen nicht wohlfeiler zu ihm, mögen wir dem von uns angeschauten Bilde ein ähnliches Sein ausser uns oder ein völlig unvergleichbares unterlegen. Was gewönne man also durch die Festhaltung der Ansicht, die wir bestreiten? (Met. S. 217). Der Raum soll ja auch für uns nicht reine Illusion sein; er hat eine Realität, nur ist die des Raumes eine andere als die der Dinge. „Es ist nur ein Unterschied vorhanden, den die beiden Ansichten über ihn allerdings behalten, für uns sind alle räumlichen Bestimmungen sekundäre Eigenschaften, welche die wirklichen Verhältnisse der Dinge nur für uns annehmen. Für die entgegengesetzte Ansicht ist der Raum als seiender und die Dinge umfassender Hintergrund zugleich primär ein Ganzes bestimmender Schranken und Gesetze, nach denen das Sein und Wirken der Dinge sich zu richten hat; die Dinge und wir sind in ihm, während unsre Ansicht meint, das er in uns ist. (Met. S. 218).

Zu demselben Resultate führt die Erwägung der 2 ten Frage: Wie ist das Sein der Dinge im seienden Raum begreiflich? Wir kämen hier zu einer Wechselwirkung der Realen mit den Raumpunkten, die sich dann als unmöglich zeigt. Die intelligiblen Verhältnisse, die wir vorläufig als Ursache unserer angeschauten räumlichen Verhältnisse betrachten, können nur in Beziehungen wie Ding zu Ding, nicht in Beziehungen von Ding zum Raum bestehen, und nicht sie an und für sich, sondern erst das Zusammentreffen ihrer Einwirkungen in unserem Bewusstsein ist die nächste Ursache der räumlichen Vorstellung (S. 220). Aber wir müssen noch einen Schritt weiter gehn. Nach den in der Ontologie gefundenen Grundsätzen dürfen wir bei Beziehungen zwischen den Dingen nicht stehen bleiben, sondern überhaupt nicht Beziehungen weder räumliche, noch intelligible zwischen den Dingen, vielmehr nur unmittelbare Wechselwirkungen, welche die Dinge von einander als innere Zustände selbst erleiden, bilden die wirkliche Thatsache, deren Wahrnehmung von uns zu einer räumlichen Erscheinung ausgesponnen wird.

Die inneren Zustände der Dinge wechseln; sie alle wirken auf unser Bewusstsein und dessen Einheit begründet die Möglichkeit sie auf einander zu beziehen und zu vergleichen; die besondere Art unseres Bewustseins bewirkt, dass diese Vergleiche und Beziehungen in der Form räumlicher Entfernung zur Anschauung kommt; die Grösse der zwischen beiden Eindrücken empfundenen Differenz bestimmt die räumliche Lage. Die Dinge a, b, c erleiden von einander Wechselwirkungen, innere Zustände; wenn unter ihnen eines von der Natur eines vorstellenden Geistes ist, so fasst es diese Zustände in räumlichen Formen auf; wenn es von dem besonderen Fall absieht, so gewinnt es die Raumanschauung im allgemeinen, die sich zum Gedanken des unendlichen Raumes auswächst, wenn es von jeglichem Inhalt der Vorstellungen abstrahiert. Demnach ist der unendliche Raum nicht die erste, sondern die letzte Stufe.

L. verhehlt sich nicht, dass seine Lehre, wenn man aus ihr die räumlichen Grundformen der Geometrie und weiterhin der Mechanik deduzieren wolle, mehr Schwierigkeiten biete als die gewöhnliche; aber dies könne nicht gegen sie entscheiden, da sie sich als denknotwendig erwies; und übrigens könne man zu praktischen und angewandt wissenschaftlichen Zwecken ohne Schaden bei der hergebrachten Meinung bleiben, wie man ja auch trotz besserer Erkenntnis fortfahre, vom Auf- und Untergang der Sonne zu reden.

Wir bemerken also auch hier in der Lehre von Raum dasselbe Ineinanderfliessen von Idealismus und Realismus; dem Raum entspricht thatsächlich etwas in den als denknotwendig gefundenen festen Punkten der Vorstellungswelt, nämlich die innren Zustände, dies weist in die Richtung des Realismus, und doch ist dies Entsprechende dem Raume ganz unähnlich, und auch jene festen Punkte gehören doch selbst unsrer Vorstellungswelt an, dies weist zum Idealismus, dem sich L. durch seinen Anschluss an Kant auch bewusst hingibt.

Auch zur psychologischen Begründung seiner Ansicht hat L., was wir nicht unerwähnt lassen wollen, einen wertvollen Beitrag geliefert in seiner Lehre von den Lokalzeichen, die sich auch in rein naturwissenschaftlichen Kreisen des verdienten Beifalls erfreut und auch von Gegnern seiner Philosophie, wie Ed. v. Hartmann anerkannt wird.

Wir wenden uns nun zu der zweiten apriorischen Anschauungsform Kants, der Zeit. L. weicht von Kant darin ab, dass er ihre durchgängige Analogie mit dem

Raume bestreitet, was uns bei ihm, der ja das Werden und Geschehen als eine Grundthatsache der Wirklichkeit betrachtet, nicht verwundern kann.

Wir folgen zuerst seiner Darstellung in der Metaphysik S. 268 ff. Wir haben von der Zeit gar keine Anschauung, sondern nur vom Raume entlehnte Bilder, die sich aber bei näherem Zusehen als ungenügend erweisen. Wir sprechen von einer Zeitlinie: die Linie besteht aber aus lauter gleichartigen, gleichwirklichen Teilen, während die Zeit aus einem veränderlichen, wirklichen Punkt, der Gegenwart, und 2 halb unwirklichen, halb aber wieder in verschiedener Weise wirklichen Strecken, Vergangenheit und Zukunft sich zusammensetzt. Dann redet man vom Flusse der Zeit, und ist nicht einmal darüber sich klar, ob man sie sich von Vergangenheit in Zukunft oder umgekehrt fliessend denken soll; ferner ist ja doch auch dieser Fluss in seinem ganzen Laufe von gleicher Wirklichkeit, enthält also auch das Charakteristische der Zeit nicht. Auch die Vergleichung mit einer Reihe hilft uns nichts; denn die Zeit ist nur nach vorwärts bewegt, während die Reihe nach beiden Richtungen durchlaufen werden kann. Mit einer leeren Zeit, in der das Geschehen verfliesse, ist überhaupt nichts anzufangen, denn diese Zeit wäre entweder selbst zeitlos, da alle Punkte in ihr ja völlig gleich sind, oder man müsste eine zweite Zeit annehmen, um den Verlauf der ersten zu erklären. Auch können wir uns nichts darunter denken, wenn wir nach dem Verhältnisse der Zeit zu den Dingen und Ereignissen fragen, die in ihr sein und geschehen sollen.

Trotzdem will L. nicht mit Kant die blosse Phänomenalität der Zeit behaupten, da diese nicht das Hilfsmittel ist „um kurzer Hand Schwierigkeiten zu lösen, die nur scheinbar aus der Anwendung der Zeit auf das Wirkliche entstehen, in Wahrheit aber an der eigenen Natur des Wirklichen haften." Dieselbe Antinomie nämlich, wie beim Raum, dass man sich auch die Zeit mit derselben Folgerichtigkeit als endlich wie auch als unendlich denken könne, veranlasst Kant, ihr die transzendentale Realität abzusprechen. Demgegenüber zeigt L., dass dieselbe Antinomie den Realen selbst anhafte; eine unendliche Zeit aber könne wohl gedacht werden, wenn auch keiner zeitlichen Sukzession, weder der unsres Vorstellens noch der der Zeit selbst, es gelingen könne, in endlicher Zeit eine unendliche thatsächlich zu durchlaufen.

Der wesentliche Unterschied der Zeit vom Raume ist der, dass erstre nicht nur ein Erzeugnis psyschischer Thätigkeit, sondern zugleich die Bedingung für die Ausübung der Thätigkeit ist, durch welche sie als Erzeugnis gewonnen werden soll, und die Vorstellung jedes Wechsels scheint unmöglich ohne den wirklichen Wechsel im Vorstellen.

Für das Werden selbst kann die an sich verlaufende Zeit nicht ein Hilfsmittel sein, durch dessen irgendwie mögliche Benutzung es erst zu Stande käme; denn es müsste sich dann die Zeit mit in die Bedingungssumme eines Resultates eingliedern, was aber unmöglich ist, denn sie ist am Ende einer Strecke noch ganz die gleiche wie am Anfang; wie sollte sie also einem Ereignisse ein Signal zum Geschehen sein können?

Wie steht es nun dann, wenn wir es mit der reinen Idealität der Zeit versuchen, also an ein an sich zeitloses Geschehen glauben, das nur dem vorstellenden Subjekt unter der Form zeitlichen Verlaufes erscheine? Wir können uns dies in der Tat bis zu einem gewissen Grade ausmalen: Die Zeit habe für uns überhaupt kein festes Mass; was ist ein Jahrhundert; was eine Stunde; wie verschiedenlang können uns gleiche Zeiträume erscheinen; können wir uns da nicht weit ausgebreitete Ereignisse in denselben Proportionen stehend in einem Augenblick zeitlos denken, in einem Bedingungszusammenhang stehend, den wir aber auch nicht als gleichzeitig bezeichnen dürfen, sondern eben als zeitlos? Und wenn uns da der Einwurf gemacht wird, dass doch wenigstens unsre Vorstellungen zeitlich einander folgen, wenn auch das Werden in der Dingwelt ein zeitloses sein möge, so hat doch auch diese Behauptung ihre Kehrseite. Denn damit 2 Vorstellungen a und b auf einander bezogen werden können, müssen sie doch in einem unteilbaren Akt im Bewusstsein beisammen sein; der zeitliche Verlauf der Vorstellungen allein könnte nie die Anschauung der Zeit hervorbringen, sondern erst das das Ganze zusammenfassende einheitliche Bewusstsein.

Und so wäre vielleicht dies der wahre Sachverhalt: jedes Subjekt S steht an einem bestimmten Punkte eines zeitlosen Bedingungszusammenhanges: Alles, wodurch es bedingt ist, betrachtet er als seine Vergangenheit, Alles, was von ihm bedingt wird, als seine Zukunft. Die Vorstellungen a und b wären im beziehenden Bewusstsein zusammen; ihnen verschiedene Plätze anzuweisen, könnte die Seele nur durch Temporalzeichen veranlasst werden; diese Zeichen könnte ihnen aber nicht eine leere Zeit mitgeben, die ja in jedem Augenblicke gleich ist, sondern sie könnten nur von der eigentümlichen Verflechtung jedes Elementes in den Bedingungszusammenhang des Weltinhaltes herrühren. „So könnte mithin allerdings ein Vorstellen, ohne Zeit zu bedürfen, durch Temporalzeichen, zu deren Dasein es auch keiner zeitlichen Entstehung bedurfte, dazu geleitet werden, seine einzelnen Inhalte in eine scheinbare zeitliche Sukzession zu ordnen." (Met. S. 295/96). Durch eine solche Auffassung wäre nicht nur aller zeitliche Verlauf, sondern überhaupt alle Sukzession aus der Wirklichkeit verbannt und die Erwägung, dass dann doch ein gewisser Teil der Wirklichkeit für S ewig Vergangenheit, ein anderer ewig Zukunft bleiben müsste, veranlasst L. doch endlich, den letzteren Gedankengang abzubrechen und bei folgendem Resultat stehen zu bleiben: Die Zeit als Ganzes ist ohne Zweifel nur ein Erzeugnis unsres Vorstellens, und sie besteht weder noch verläuft sie; sie ist nur das wunderliche Bild, das wir für unsere Anschauung zu entwerfen mehr suchen als wirklich vermögen, wenn wir uns den zeitlichen Verlauf auf alle die Beziehungspunkte ausgedehnt denken, die er ins Unendliche zulässt und zugleich von dem Inhalte dieser Beziehungspunkte abstrahieren. Den zeitlichen Verlauf selbst aber bringen wir nicht aus der Wirklichkeit hinweg und halten es für ein völlig hoffnungsloses Unternehmen, auch seine Vorstellung als eine apriorische blos subjektive Auffassungsform anzusehen, die in dem Innern einer zeitlosen Realität, in dem Bewusstsein geistiger Wesen sich entwickele." (Met. S. 297/8.)

Einen zeitlichen Verlauf, eine thatsächliche Sukzession gesteht also hier L. der Wirklichkeit zu. Nur fürchtet er, es möchte hier von neuem ein Irrtum sein Haupt erheben, den er schon in der Ontologie bekämpfte, die Neigung der Zerpflückung des Wirklichen in seinen Inhalt und seine Wirklichkeit. Wir haben geflissentlich diese unmögliche Trennung bei dem vorliegenden Gegenstande noch einmal verfolgt: Die Sonderung des geschehenden Inhalts von seinem Geschehen, und mussten zuletzt diesen Versuch als vergeblich aufgeben; haben erkannt, dass „es ein Irrtum sei, Mass und Art jener zeitlosen Bedingtheit, die zwischen zwei Erlementen des Weltinhaltes bestände, als den vorangehenden Grund zu denken, der jenem wirksamen Grunde befähle oder verböte, das eine aus dem andern hervorzubringen. Es ist nur ein früher besprochener Gedanke, dem ich hier eine weitere Anwendung gebe: jede Beziehung existiert nur in dem Geiste des Beziehenden und für ihn; glauben wir sie in dem Sein selbst anzutreffen, so ist sie hier allemal mehr als blosse Beziehung; sie ist selbst bereits ein Wirken anstatt Wirkungen nur vorzubereiten .... erst und allein ist das volle lebendige Wirken selbst". S. 299/300. Wir abstrahieren daraus Gesetze, und so auch eine leere Zeit, vergessen dann ihren Ursprung und stellen sie als ein gebietendes Prius voraus. „In diesem Sinne können wir die oft gehörten Aussprüche richtiger finden, nach denen nicht die Zeit die Bedingung des Wirkens ist, sondern das Wirken die Zeit erzeugt; nur bringt es, indem es verläuft, nicht als ein bleibendes Produkt, das irgendwie wäre oder flösse oder die Dinge beeinflusste, eine wirkliche reale Zeit, sondern nur in dem vergleichenden Bewusstsein die sogenannte Anschauung dieser Zeit hervor; von dieser, dem leeren Totalbilde der Ordnung, in welche wir die Ereignisse reihen, gilt es also, dass sie nur eine subjektive Auffassungsform, von der Sukzession des Wirkens selbst, welches diese Einreihung möglich macht, gilt umgekehrt, dass sie die eigenste Natur des Wirklichen ist." (Met. S. 300).

L. sieht voraus, dass man nicht aufhören werde zu fragen, was denn eigentlich geschehe, wenn das Wirken wirkt oder wenn die Sukzession stattfindet, die seine Eigentümlichkeit sein soll. Wie geht es zu und wie wird es gemacht, dass die Wirklichkeit des einen Thatbestandes aufhöre, die des anderen beginne? Diese Fragen müssen wir zwar zurückweisen, denn wir stehen hier vor einem unausdenkbaren Rätsel, doch soll ihnen eine gewisse Gemütsberechtigung nicht abgesprochen werden. Soll denn die ganze reiche Vergangenheit ein Nichts sein, das Dunkel der Zukunft ebenfalls ein leeres Nichts, und immer nur der Punkt wirklich, auf den das Licht der Gegenwart fällt? „Man wird empfinden, wie wenig es uns möglich ist, mit dem nackten Gegensatz von Sein und Nichtsein auszukommen, und wie unaustreiblich das Verlangen, auch das Nichtseiende irgendwie als einen wunderbaren Bestandteil der Wirklichkeit fassen zu dürfen." (Met. S. 302). Doch kann diese Sehnsucht nicht hier, sondern nur in der Religionsphilosophie befriedigt werden, wo es uns vielleicht gelingen wird, eine über den zeitlichen Verlauf übergreifende Realität zu finden.

Dem in der Met. Gesagten ziemlich parallel verläuft die Darstellung in Microc. III. S. 602 ff seit der III. Auflage dieses Werkes. Auch hier wird zuerst die Unmöglichkeit einer leeren Zeit dargethan, dann der Gedanke einer unzeitlichen Wirklichkeit und der reinen Idealität der Zeit soweit als möglich entwickelt, und zuletzt doch auch fallen lassen. Denn „in einem zeitlosen Zusammenhange an einen bestimmten Ort gestellt, würde jedes endliche Wesen stets denselben klaren oder dunklen Inhalt als seine Zukunft, denselben anderen als seine Vergangenheit vor sich sehen müssen; das Leben, das uns jene sich nach und nach lichten, diese allmählich verblassen lässt, ist nicht ohne einen wirklichen Verlauf denkbar, der das Bewusstsein an dem Inhalt der Welt oder diesen an ihm vorüberführt oder beide zusammen sich verwandeln lässt. Auch hier wird die teilweise Berechtigung der Sehnsucht nach einer übergreifenden Realität, die auch der Vergangenheit und Zukunft einen dauernden Platz einräume anerkannt und deutlicher die Möglichkeit und Art ihrer Befriedigung durch die Religionsphilosophie aufgezeigt. cf. S. 605: So wenig wir nun anzugeben wissen, wie der Verlauf der Zeit gemacht wird und wie der Zustand des einen Augenblicks aus Sein in Nichtsein übergeht, um dem des nächsten Augenblickes Platz zu machen, ebensowenig würden wir sagen können, wie nun umgekehrt diese Zusammenfassung des Verfliessenden in eine gleichzeitige oder überzeitliche Wirklichkeit zu Stande kommt. Aber gewohnt, die Welt grösser und reicher zu finden, als das Denken, das ihren wunderbaren Bau nachzubilden sucht, hege ich keinen Zweifel an der Erfüllung dieses Postulats, von der wir freilich nur in menschlich beschränkter Weise reden können. Für Gott besteht die Bedingung nicht, die uns im Ganzen der Welt an einen bestimmten Punkt fesselt, ... er ist die umfassende Wesenheit des Ganzen ..., den spezifischen Wert der Gegenwart besitzt für Gott nur das unendliche Ganze".

In der Met. spricht L. von der Thatsächlichkeit und Wirklichkeit eines zeitlichen Verlaufes und hat damit seine frühere Ansicht, die er bis 1879 vertrat, verlassen, resp. modifiziert; vergl. Falkenberg: die Entwicklung der Lotze'schen Zeitlehre, in der Zeitschr. f. Philos. u. phil. Kritik., Band 105, Heft II.

Die ältre Ansicht finden wir auch noch in der 2. Aufl. der Grdz. der Met. § 50, da diese Diktate aus dem Jahre 1871 stammen.

„Die Gesamtsumme der Wirklichkeit ist einem Systeme von Sätzen oder Wahrheiten zu vergleichen, welche unter einander in sehr vielfachen Verhältnissen der Koordination und Subordination stehen, so dass z. B. einige, ein a und b, Prinzipien aller übrigen, andere (c d e, diesen ersten untergeordnet, unter sich aber koordiniert oder gleichwertig) Bedingungen der dann noch übrigen l m n sind. Der Unterschied ist, dass in einem System von Wahrheiten eine die andere zwar bedingt, aber nicht bewirkt; die hier hervorzuhebende Ähnlichkeit aber besteht darin, dass die in dem System der Wirklichkeit vorkommende Bewirkung eines Gliedes durch andere an sich ein ebenso zeitloses Geschehen ist, wie das Bedingtwerden einer Wahrheit durch eine andere".

L. möchte also gerne eine zeitlose Sukzession als die Wirklichkeit der Zeit auffassen und die Antriebe, alle Zeitlichkeit womöglich aus jener Sukzession auszuschliessen, kommen ihm aus religionsphilosophischen Erwägungen. Zeitlichkeit in Gott selbst hineinzutragen scheut sich L. im Interesse der Vollkommenheit Gottes und doch wäre dies die notwendige Konsequenz, wenn ein zeitlicher Verlauf in der Wirklichkeit bestände, und man das Verhältnis Gottes in dem entschieden monistisch-pantheistischen Sinne versteht, wie L. Jener Konsequenz sucht er nun zu entfliehen, indem er ein zeitloses Geschehen annimmt, die aber doch immer ein hölzernes Eisen bleiben wird. Es gibt auf pantheistischem Standpunkte nur das Dilemma: entweder zeitlicher Verlauf in der Wirklichkeit, dann auch in Gott selber (diese Konsequenz hat Ed. v. Hartmann mutiger als L. in seiner Kritik der Philosophie L. gezogen), oder Zeitlosigkeit der Wirklichkeit, reine Phänomenalität der Zeit, dann aber auch fort mit aller Theologie, aller Ethik und Religion; denn letztere sind ohne Werden und Entwicklung undenkbar.

Am meisten kehrt L. zur zeitlosen Wirklichkeit und zur reinen Idealität der Zeit zurück in der Religionsphilosophie. cf. § 45 der Grdz. der Rel.-phil.:, man müsse Gott ein ausserzeitliches oder überzeitliches Sein zuschreiben. Man müsse deshalb versuchen, die Zeit als eine blosse Form der Anschauung zu betrachten, in welcher die Ereignisse uns zu verlaufen scheinen. Zwar sei dies schwieriger als beim Raume und man „kann nur folgende Punkte sich vorhalten, um zu erkennen, dass dennoch die „Idealität" der Zeit ein notwendiges Postulat unseres Denkens ist". „Wenn es nun Geister gibt, die diesen Zusammenhang sich nur unter der Form eines zeitlichen Nacheinander vorstellen können, so ist auch ein anderer Geist denkbar, welcher den ganzen Weltzusammenhang direkt in der Form eines solchen Bedingungsverhältnisses auffasst, ohne die Ordnung desselben sich erst in ein anschauliches Nacheinander auseinanderlegen zu müssen".

„Hiemit sollte also gesagt sein, dass auch die Welt, die das unzeitliche Vorstellen jenes Geistes übersieht, keineswegs ein blosses System von Wahrheiten zu sein braucht, sondern eine Welt, in der wirklich etwas geschieht und gewirkt wird, ohne dass eine an sich verlaufende „Zeit" eine Bedingung für dies Geschehen und Wirken wäre." Wenn unter dieser „an sich verlaufenden Zeit" nur eine objektive leere Zeit gemeint ist, so widerspricht diese Aussage den in der Met. gemachten nicht; wenn aber damit jeder zeitliche Verlauf auch in dem Sinne eines transzendentalen Realismus, wie er bei Schelling, Hartmann und eigentlich bei L. selbst in der Met. zu finden ist, ausgeschlossen ist, so wäre damit deutlich ein zeitloses Werden als die Wahrheit hingestellt. L. geht also auch hier von Kant aus, und über ihn hinaus sucht er zu einem transzendentalen Realismus zu gelangen, bleibt aber auf halbem Wege stehen, ja kommt schliesslich fast wieder zu Kant zurück. Jedenfalls hat Ed. v. Hartmann Recht, seine schwankende Stellung hier zu tadeln, nur scheint L. Lehre dem Idealismus doch näher zu stehen, und ein Bedingungszusammenhang das zeitlose Korrelat des zeitlichen Verlaufes sein zu sollen, wie die inneren Zustände das Korrelat des Raumes, während Hartmann unsern Philosophen bald entschlossen auf der einen, bald ebenso auf der andern Seite findet. Die Achtung vor der lebendigen Wirklichkeit mit ihrem Werden und Geschehen hätte gewiss L. zu energischerem Festhalten eines zeitlichen Verlaufes veranlassen sollen.

Falkenberg hat in der oben zitierten, bei Abfassung meiner Arbeit mir unbekannten Abhandlung durch eine neue Darstellung des genetischen Zusammenhangs der Lotze'schen Zeitlehre nachgewiesen, dass ihm mit Unrecht eine schwankende Auffassung vorgeworfen werde: „Eine Wandlung hat nicht erfahren Lotzes Überzeugung von der Subjektivität des Totalbildes der Zeit, ebensowenig die von der Erhabenheit des göttlichen Wesens über die Zeit; die einzige Änderung besteht darin, dass die Sukzession aus der Sphäre der Idealität in die der Realität übertritt".

Wir haben nun gesehen, wie L. die Lehre Kants von der transzendentalen Ästhetik modifiziert; wie stellt er sich nun zu seiner transzendentalen Analytik, zu den agriorischen Kategorieen; wie weit ist ihm die menschliche Erkenntnis apriorisch, wie weit empirisch bedingt? wie weit gibt es für ihn synthetische Urteile a priori? Gegeben ist uns eine für alle menschliche Erkenntnis objektive, d. h. individueller Willkür nicht ausgesetzte Vorstellungswelt. Davon zu unterscheiden sind die Denkprozesse, durch die wir jene Vorstellungswelt zu erfassen und zu systematisieren versuchen. Diese Denkthätigkeit kommt vielfach in Bezug auf jene Vorstellungswelt zu festen Resultaten, bleibt aber teilweise auch rein subjektiv. Endlich deutet jene uns gegebene Welt der Vorstellungen über sich hinaus auf eine Realwelt; ihr beiderseitiges Verhältnis ist wohl auch von L. nicht ganz ohne Schwanken gedacht worden, bald ist die Realwelt das Ganze, von dem uns nur ein (wenn auch sehr wichtiger) Teil, die Vorstellungswelt, gegeben ist, während wir das Ganze nur ahnend erfassen können; bald ist sie doch wieder die dahinter liegende Dingwelt, deren Wirklichkeit zwar eine ganz andre ist, aber doch auch mit den Beziehungen und Verhältnissen in der Vorstellungswelt irgendwie korrespondiert.

Man kann die bisher in der Geschichte der Philosophie geltenden Kategorieen und Einteilungsprinzipien auf L.'s Philosophie zum grossen Teil nicht anwenden, da sie bei seiner eigentümlichen Auffassung sich als unzulänglich erweisen. Wir sahen schon, wie sich der Gegensatz zwischen Idealismus und Realismus in eine unbedeutende Verschiedenheit verwandelte, ähnlich geht es mit den Kategorieen apriorisch und aposteriorisch, rational und empirisch, synthetisch und analytisch. L.'s Lehre über die erkenntnistheoretische Bedeutung des logischen Denkens finden wir im Mikrok. S. 200 ff. und im 3. Teil der Logik.

Mikrok. S. 200 ff: Seit Sokrates besitzt das philosophische Denken das ihm eigentümliche Objekt der Untersuchung durch die Aufstellung einer in aller Dingwelt geltenden Wahrheit; man entdeckte die Begriffe. Damit war der richtige Weg gefunden, aber trotzdem blieb die ganze griechische Philosophie zur Unfruchtbarkeit verurteilt, da sie Denken und Sein nicht richtig auseinanderhielt und die Verwechslung logischer Gedankenzergliederung mit der Untersuchung der Sache selbst weder in Bezug auf die Lehre von den Begriffen, noch auf die von den Urteilen und Schlüssen vermied. „Dass an der Sache die Eigenschaften ganz anders haften und zusammenhängen als die Merkmale oder Teilvorstellungen an dem Begriff der Sache: davon mag hin und wieder theoretisch wohl eine Ahnung ausgesprochen sein, aber ohne alle durchgreifende Wirkung auf die Praxis der philosophischen Untersuchung." (S. 213). „Die berühmten Begriffe von Dynamis und Energie, als Potenz und Aktus noch jetzt Schosskinder des philosophischen Dilletantismus führen die Unfruchtbarkeit solcher Betrachtungen systematisch in die Untersuchung aller Gegenstände ein."

Die Frage nach der Wahrheitsfähigkeit unserer Erkenntnis ist schon im Altertum zum Gegenstand sehr umfänglicher Überlegungen gemacht worden. Sie führten aber alle ohne positiven Nutzen nur zum Skeptizismus. Das Christentum gab diesen Fragen mehr Tiefe und sittlichen Ernst; in der neuern Zeit wurde die früher so verachtete Welt des Scheins das eigentlich interessierende und befriedigende. „In dem Eingeständnis, nur Erscheinungen aus Erscheinungen zu entwickeln, und dem Wesen der Dinge völlig fremd zu bleiben, liegt zwar eine Einschränkung, aber auch ein Fortschritt. Worauf beruth die Gewissheit unserer Gedanken? „Gewissheit erlangen unsre Gedanken durch Zurückführung auf die früher bewiesene Gewissheit anderer oder auf die des Beweises weder bedürftige noch fähige Evidenz unmittelbarer Wahrheiten. Das Vertrauen, das wir teils den Gesetzen unsers Denkens, welche jene Zurückführung vermitteln, teils den einfachen und unmittelbaren Erkenntnissen schenken, zu denen wir durch sie geleitet werden, lässt sich durch Wiederholung aufmerksamer Prüfung vor der Hingabe an Vorurteile von zufälliger und vergänglicher Überredungskraft behüten"; dem Skeptizismus überhaupt aber lässt sich nur die Überzeugung eines sittlichen Glaubens entgegenhalten, dass die Welt nicht eine Ungereimtheit ohne Sinn sein kann.

Eingehender sind L.'s Ausführungen über diesen Gegenstand in der Logik. S. 525 ff. Eine einzelne Ansicht kann zwar durch eine Zergliederung der Veranlassungen, aus denen sie uns entsprungen ist, innerhalb des Ganzen unsrer Erkenntnis geprüft werden, diese genetische Betrachtungsweise bewährt sich aber nicht mehr bei einer Prüfung der Wahrheitsfähigkeit im Ganzen. Man bringt, wie schon früher gezeigt, notwendig immer Voraussetzungen mit und wenn dies einmal nicht anders sein kann, so muss man es reinlich und aufrichtig thun; wir nehmen sie aus der Ontologie. Die Aussenwelt könnte auf keinen Fall in uns eingehen, sondern sie kann nur unsre Spontaneidät zur Thätigkeit anreizen, so dass also unsre ganze Vorstellungswelt, auch die einfachen sinnlichen Empfindungen, nach dieser Richtung apriorisch ist. Kants Lehre, dass der gesamte Inhalt unsrer Erkenntnis der Erfahrung, und nur ihre Form der angebornen Thätigkeit des Geistes zuzuschreiben sei, ist missverständlich.

Damit soll aber dem Empirismus sein Recht nicht genommen werden. „Die ausgedehnte Apriorität, die wir so für unsre Erkenntnis in Anspruch nehmen, ist indessen nur die eine Seite der Sache. Eben dann, wenn wir alle sinnlichen Empfindungsweisen, unsre Raumanschauung, unsre Begriffe von Ding und Eigenschaft, von Ursache und Wirkung, endlich die ethischen Vorstellungen das Gut und Böse, als angeborene Äusserungsweisen des Geistes betrachten, eben dann kann der Grund zu den besonderen einander ausschliessenden Anwendungen ihrer aller nicht ebenso in dem Wesen dieses Geistes liegen". S. 535. Wir unterliegen hier einem fremden Zwang, und können es hier dahingestellt lassen, ob die gewöhnliche Meinung Recht hat, ihn einer Aussenwelt zuzuschreiben oder der Idealismus, ihn als unmittelbare Wirkung einer alle Geister durchdringenden Macht anzusehen. „Woher diese Anregung auch stammen mag, sie bleibt ein empirisches oder aposteriorisches Element unsrer Erkenntnis." S. 536. Es bleibe eine würdige Aufgabe, der Gesetzmässigkeit dieser apriorisch-empirischen Erscheinungswelt nachzugehen, und „die Auflösung dieser Aufgabe wird die Erkenntnis einer Wahrheit sein, auch wenn es kein Mittel geben sollte, zu entscheiden, von welcher andern Gesetzmässigkeit einer uns unbekannt bleibenden Aussenwelt diese Gesetzlichkeit des Verlaufs unsrer Innenwelt hervorgebracht wird".

Der Einwand, auch die angebornen Ideen könnten wir doch nur aus Erfahrung, wenn auch aus innerer, kennen lernen, und es sei also doch Erfahrung die einzige Quelle unsrer Erkenntnis, ist ebenso selbstverständlich als unfruchtbar; in dieser weitläufigen Bedeutung genommen ist der Begriff der Erfahrung nicht mehr der Anlass zu einer Verschiedenheit der Meinungen; wir wollen dagegen nicht einmal sagen, dass uns die apriorischen Teile unsrer Erkenntnis durch unsere eigene Natur, die empirischen durch fremden Zwang aufgenötigt werden, denn das können wir nicht beweisen; es muss vielmehr der Unterschied zwischen apriorisch und empirisch darin gefunden werden, dass erstrer sich durch unmittelbare Evidenz auszeichnet, die dem letztern abgeht; man könnte den Einwand erheben: was in diesem Augenblicke uns selbstverständlich erschiene, woher hätten wir das Recht zu behaupten, dass es in jedem andern Augenblicke uns ebenso erscheinen werde. Wenn dieser Einwurf im Interesse der Leugnung jeder allgemeingültigen Wahrheit gemacht wird, so können wir nach L. dem einfach entgegenhalten, dass man überhaupt auf jede Erkenntnis verzichten müsste ohne die Annahme, dass im Ganzen des Weltlaufes eine Beständigkeit des Verhaltens bestehe, wonach unter gleichen Bedingungen immer dieselbe Wirkung entstehe. „Man sieht daher, dass die Neigung alle allgemeine Erkenntnis aus Erfahrung, d. h. aus Summierung von Einzelwahrnehmungen zu gewinnen, nicht zum Ziele kommt; irgendwo ist stets als notwendiges Hülfsmittel einer jener Gedanken vorauszusetzen, dessen einmal gedachtem Inhalt man mit unmittelbarem Zutrauen den von ihm erhobenen Anspruch auf allgemeine Gültigkeit zugibt." S. 540. Allgemeinheit und Notwendigkeit und unmittelbare Evidenz sind also die alle agriorische Erkenntnis auszeichnenden Eigenschaften. Man sieht, dass im Vergleich mit der Kantischen Lehre der Gegensatz zwischen apriorisch und empirisch bedeutend fliessender geworden ist, um so mehr als diese allgemeingültigen Wahrheiten nicht rein gegeben sind, sondern erst herausgearbeitet werden müssen, und zwar mit Hülfe der Erfahrung, welche dieselben von ihrer Verquickung mit Vorurteilen reinigen muss. Hier bei dieser Kritik der Vorurteile hat auch die psychologische Untersuchung ihren Nutzen, während wir sie bei der Fundierung der Erkenntnis im Ganzen unzureichend fanden. „So bleibt denn nichts übrig als dass diese psychologischen Zergliederungen auf die Aufgabe beschränkt werden, zu zeigen, wie an sich gültige Wahrheiten im Denken und für dasselbe, sofern es ein psychischer Vorgang ist, als unbewusst befolgte Regeln seines Verfahrens verwirklicht werden." S. 544. Zwischen dem psychischen Mechanismus und dem Denken besteht eine Kluft; letzteres darf nicht mit dem ersteren identifiziert werden, sondern hat seine Einheit in sich selber, die freilich eine anders geartete ist, nämlich eine teleologische und von dem Sinne oder der Idee abhängt, zu deren Verwirklichung die Seele bestimmt ist. Alle logischen Rückwirkungen des Geistes sind als eine einheitliche Tentenz aufzufassen, deren einzelne Äusserungen ihrem Sinne nach sich verständlich in eine Reihe gliedern lassen, nach ihrer Entstehung als psychische Vorgänge aber völlig unbegreiflich sind." S. 547.

In dem folgenden Abschnitt S. 548 ff. handelt L. von der realen und formalen Bedeutung des Logischen; wir würden aber sehr enttäuscht werden, wenn wir hofften, hier eine grosse Aufklärung über den Zusammenhang zwischen Denken und Sein zu erhalten, denn die Untersuchung bezieht sich hier nur auf das Verhältnis der Denkformen und des unsrer Natur entsprechenden Denkens zu jener Vorstellungswelt, die zwar unabhängig ist von dem einzelnen subjektiven Denken und den einzelnen Momenten des Denkens, aber doch auch nur Wirklichkeit hat, sofern sie gedacht wird. Die Realwelt, die Welt der Dinge an sich kommt dabei nicht in Betracht, und die ganze Darstellung ist mehr logisch als erkenntnistheoretisch interessiert. Die Frage, um die es sich handelt, ist die, ob die Regeln, nach denen das Denken, Gesetzen seiner eigenen Natur folgend, seine Vorstellungen verknüpfen muss, zu demselben Abschluss führen, den der Zusammenhang der Sachen — nämlich in der vom einzelnen unabhängigen Vorstellungswelt — hervorbringt. Da tritt uns zunächst entgegen die Behauptung von der blos formalen Bedeutung des Denkens. Aber „in welchem Verhältnisse sollen denn diese Formen und Gesetze zu dem Inhalt stehen, den sie nicht erzeugen, sondern vorfinden, und durch dessen Bearbeitung allein doch die gedachte Wahrheit den ihrigen erhält. Kann ein Inhalt in Formen gebracht werden, für die er nicht passt?" S. 548.; andrerseits die Behauptung von der realen Bedeutung des Denkens, der sachliche Inhalt des Vorstellens sei an keine andern Gesetze gebunden als an die, welche das Denken ihm auferlegt. Da jener aber unsrer Kenntnis nur durch das Denken vermittelt wird, so kann diese Behauptung nicht bewiesen werden; „aber wir können fragen, wie denn das Denken selbst über die Bedeutung seiner eigenen Handlungen urteilt, und inwieweit es diejenigen Formen, die es als psychische Bewegung des denkenden Subjekts annehmen muss, für Eigenbestimmtheiten des von ihm bearbeiteten Inhaltes ansieht." S. 549.

Wenn unser Denken die Vorstellungen a und b vergleicht, geht es zwischen beiden hin und her, es hat ferner fast alles in räumlicher Gestalt, Ordnung und Beziehung symbolisiert und ist endlich an eine Sprache als Ausdrucksform gebunden; dies Alles ist für die Denkhandlung wichtig, kann aber, gleich einem Gerüste, nach vollendeter Arbeit ruhig wieder abgebrochen werden, d. h. es hat auf die sachliche Bedeutnng unsrer Denkhandlung keinen Einfluss. „So zeigt sich hier der Gegensatz der blos formalen Bedeutung unsrer Denkhandlung zu der realen ihres Produkts." S. 553. „Wir müssen daher erwarten, in dem, was wir logische Handlungen, Formen und Gesetze nennen, viel eines blos formalen Apparates zu finden, der, obwohl zur Ausübung des Denkens unentbehrlich, doch der realen Bedeutung entbehrt, die das Denken dem Endergebnis seines Thuns allerdings zuschreibt." S. 553.

Wenn wir a und b vergleichen, z. B. Rot und Gelb, so können wir den von uns gefundenen Unterschied als einen sachlichen ansehen, ohne befürchten zu müssen, dass es in Wirklichkeit anders sei. „Solche Bedenken hätten Grund, wo wir unsre Gedankenwelt zu einer ausser ihr vorausgesetzten Sachenwelt in Beziehung brächten; so lange jedoch statt dieser unsre eigenen Vorstellungen unsern Gegenstand bilden, zweifeln wir nicht, dass die bei ihrer Vergleichung erfahrenen Gleichheiten oder Unterschiede unsres Vorstellens zugleich ein sachliches Verhalten unsrer Vorstellungsinhalte bedeuten." S. 554. Die griechische Philosophie, welche so gefundene Verhältnisse ohne weiteres für von unserm Denken unabhängige Beziehungen der Realwelt hielt, kam dadurch in viele Verlegenheiten; „so war es ihr z. B. ein ärgerliches Rätsel, wie die von ihren Beziehungspunkten abgelösten und nun einander widerstrebenden Prädikate des Kleinerseins und des Grösserseins sich an demselben b vertragen möchten."

„Sind aber (wie bei uns) a und b nicht Dinge von unabhängiger, unserem Denken jenseitiger Wirklichkeit, sondern vorstellbare Inhalte, wie Rot und Gelb, Gerade und Krumm, so besteht eine Beziehung zwischen ihnen nur, sofern wir sie denken und dadurch, dass wir sie denken. Aber so ist unsre Seele beschaffen und so setzen wir jede andere voraus, deren Inneres der unsern gleicht, dass dieselben a und b, so oft sie und von wem sie auch vorgestellt werden mögen, stets im Denken dieselbe nur durch das Denken und nur in ihm bestehbare Beziehung hervorbringen werden. Unabhängig ist diese daher von dem einzelnen denkenden Subjekt und unabhängig von einzelnen Momenten seines Denkens; hierin allein liegt das, was wir meinen, wenn wir sie als an sich bestehend zwischen a und b betrachten, und sie von unserm Denken wie ein für sich dauerndes Objekt auffindbar glauben; sie steht wirklich so fest, aber nur als ein Ereignis, das im Denken stets unter gleichen Bedingungen gleich sich erneuern wird." S. 555/56.

Auf die Dingwelt an sich lassen sich diese Verhältnisse nicht übertragen, sondern müssen erst in der Metaphysik auf ihren dort allein zulässigen Sinn gebracht werden. L. geht nun die logischen Formen einzeln durch und prüft sie auf ihren Erkenntniswert. Der Allgemeinbegriff bezeichnet eine unvollendbare Forderung. Denn ein allgemeines Pferd, Farbe im Allgemeinen etc. können wir uns nie vorstellen. Hat er überhaupt eine sachliche Bedeutung oder ist er nur ein gemeinsamer Name, nur ein Wort? In der Thatsache, dass wir Allgemeines überhaupt nur denken können, liegt doch ein Beweis des erstern, einer realen Geltung des Begriffes; denn wenn wir uns auch die allgemeine Farbe nicht vorstellen können, so empfinden wir doch in Rot und Gelb ein Gemeinsames, das uns nötigt, den Allgemeinbegriff zu bilden. Diese Betrachtung ist sowohl von dem Nominalismus als dem Realismus auf ein falsches Gebiet, das der Dinge an sich übertragen worden und dadurch unlösbar gemacht. Die Objektivierung der Begriffe, wie sie nach Platos Vorgang der Realismus vollzieht, würde man leicht fallen lassen, wenn man sich entwöhnte, nur naturgeschichtliche Gattungsbegriffe als Beispiele des Allgemeinen zu denken. Man würde dann finden, dass der Begriff nicht eine Seins-, sondern eine Geltungsrealität habe und auch dies nicht in uneingeschränkter Weise. Denn alle unsre Begriffsbildungen, Klassifikationen und Konstruktionen sind subjektive Bewegungen unsres Denkens und nicht Vorgänge in den Sachen; so aber ist zugleich die Natur der Sachen, der gegebenen vorstellbaren Inhalte geartet, dass das Denken, wenn es sich den logischen Gesetzen dieser seiner Bewegungen überlässt, am Ende seines richtig durchlaufenen Weges wieder mit dem Verhalten der Sachen zusammentrifft. Urteile sind ohne realen Wert, z. B. die hypothetischen bringen nur das allgemein logische Verhältnis der Bedingtheit, nicht das spezielle der Kausalität zum Ausdruck. Auch bei den Schlüssen liegt der Wahrheitsgehalt nicht in der logischen Form, sondern nur in dem darin gefassten Inhalt. Die Hypostasierung der Naturgesetze ist ebenso falsch und verwirrend wie die der Begriffe.

Am Schlusse sucht L. die Bedeutung des Denkens verständlich zu machen, indem er die 3 Gegensätze subjektiv und objektiv, formal und sachlich, formal und real auf dasselbe anwendet. Die Denkhandlung, der Weg, den unser Denken zurücklegt, um zu einer Erkenntnis zu gelangen, ist subjektiv, d. h. eine lediglich durch unsre Natur und unsre Stellung in der Welt uns notwendig gewordene innere Bewegung; der erzeugte Gedanke dagegen ist objektiv, d. h. „von allen, nach Zurücklegung jener Wege auf gleiche Art empfunden, bildet das jetzt Gesehene ein von der Subjektivität des einzelnen Denkenden unabhängiges Objekt". „Formal nennen wir die logischen Thätigkeiten, weil ihre Eigentümlichkeiten zwar nicht die eigenen Bestimmungen der Sachen sind, aber doch Formen des Verfahrens, eben die Natur der Sachen zu erfassen und deshalb nicht ausser jedem Zusammenhange mit dem sachlichen Verhalten selbst." In Bezug auf den 3. Gegensatz ist zu sagen, dass weder die logischen Formen des Begriffs, Urteils und Schlusses, noch auch die logischen Gedanken, denen wir objektive und sachliche Geltung zuschrieben, in Bezug auf das Reale eine unmittelbare Geltung haben. Wie weit sie eine solche überhaupt und in welcher modifizierten Form haben, dies aufzuklären, muss der Metaphysik überlassen bleiben. Wir bleiben also mit den logischen Formen in jenem transzendentalen Gebiet, das ihnen Kant anwies, gelangen aber damit nicht in das transzendente. Den letzten Abschnitt der Logik betitelt L.: Die agriorischen Wahrheiten.

In Bezug auf den Vorstellungsinhalt haben unsre Gedanken sachliche Bedeutung. In dieser Vorstellungswelt gilt das platonische Ideenreich, d. h. es besteht in ihm eine systematische ewige Ordnung. Dies ist zwar unentbehrliche Voraussetzung und Grundlage des Denkens, aber doch nicht selbst denknotwendig, sondern eine wunderbare Thatsache.

Nun führen unsre Wahrnehmungen aber die einzelnen Vorstellungen uns durchaus nicht unsrer in ihr gefundenen Ordnung entsprechend vor, sondern in einer uns ganz fremden, Heterogenes verbindenden Weise. Diesen fremden, empirischen Bestandteil nennt L. reale Wirklichkeit. Wie steht nun dieser gegenüber unser Denken? Dreierlei Bedingungen muss es erfüllen, wenn es mit den Thatsachen in Einklang bleiben will oder unsere Hoffnung, durch das Denken den Verlauf der Wirklichkeit beherrschen zu können, beruht auf drei Punkten:

1. Es ist niemals möglich, aus blossen Begriffen des Denkens die reale Wirklichkeit des in ihnen Gedachten zu beweisen, wie dies z. B. der ontologische Gottesbeweis versucht; vielmehr muss immer bei einem gegebenen wirklichen Grunde eingesetzt werden, um aus diesem dann die Folgen als wirkliche abzuleiten, die aus dem gedachten als denknotwendige hervorgingen.

2. Woher nehmen wir die Gewissheit, dass in dieser realen Welt überhaupt noch eine Gesetzmässigkeit vorhanden ist? Diese ist weder selbst denknotwendig, noch als eine denknotwendige Folge aus gegebenen Thatsachen abzuleiten. „Mit Grund wird man daher sagen, dass alle unsre Beurteilung der Wirklichkeit auf dem unmittelbaren Zutrauen oder auf dem Glauben be-

ruht, mit dem wir einer Forderung des Denkens, die das eigene Gebiet desselben überschreitet, allgemeine Gültigkeit zuerkennen." S. 580.

3. Wir werden die Wirklichkeit nicht erfassen können, ohne irgendwelche synthetischen Urteile a priori. Schon in den synthetischen Urteilen a posteriori steckt nach L. ein Teil apriorischen Bestandes. Alles Bilden von Urteilen hat schon solches an sich; jede Wiederzählung von Thatsachen, die sonst nur eine Wiedererinnerung von Wahrnehmungen, eine Reproduktion des Rohmaterials sein dürfte. Auch der Nerv aller fruchtbaren mathematischen Denkarbeit liegt in der Möglichkeit, Verschiedenes gleichzusetzen, also in Synthesis a priori, aber nicht in der nackten Anwendung des logischen Identitätsgesetzes.

So ist der Fundamentabsatz der Arithmetik: Grössen seien überhaupt summierbar zu einer neuen Grösse eine solche apriorische Voraussetzung, über deren Wichtigkeit man geneigt sein wird, hinwegzusehen, weil er ganz selbstverständlich und nichts als eine identische Definition der Zahlgrösse zu sein scheint. Warum kann man nicht Rot und Grün addieren? Es ist eben die Grösse als Anschauung die Bürgschaft der Wahrheit und zugleich der Grund der Fruchtbarkeit arithmethischer Gedankenverbindung. Noch deutlicher ist dies in der Geometrie: hier macht es nur die eigentümliche Natur des Raumes möglich, dass eine sachliche Identität verschiedener Ausdrucksformen bestehen kann. L. kommt dann noch einmal darauf zurück, den Gegensatz zwischen Apriorismus und Empirismus zu bestimmen. Da muss man zunächst zugestehen, dass alle unsre Erkenntnis durch Erfahrung im weiteren Sinne erworben wird und darf dann nicht einen Unterschied zwischen innerer und äusserer Erfahrung machen; denn diesen gibt es nicht, da ja alle Erfahrung nur unsre Vorstellungen zum Objekt haben kann. Es könnte noch der Unterschied festgehalten werden, dass wir allgemeine Gültigkeit aus einmaliger Thatsächlichkeit annehmen, die Empiristen dies abzulehnen behaupten, während sie es doch in Wirklichkeit auch nicht umgehen können. „Auf der Möglichkeit unmittelbarer Erkenntnis des Allgemeingültigen beruht jede Überzeugung, die unsre nicht mehr als die der Gegner; Zwiespalt kann nur darüber sein, welche Wahrheiten wir dieser Erkenntnis zugänglich glauben." S. 591. Es kann gewiss auch falsche Evidenzen geben. Diese kann erwiesen werden, wenn die Folgerungen zu falschen Ergebnissen führen, oder wenn sich positiv ein andrer Satz beweisen lässt, der die falsche Evidenz unsres Satzes aufdeckt. Apriorisch sind die Erkenntnisse, welche nicht durch Induktion oder Summation aus ihren einzelnen Beispielen entstehen, sondern zuerst allgemein gültig gedacht werden, und so als bestimmende Regeln diesen Beispielen vorangehen." S. 594. „Hiermit hängt der letzte hier zu erwähnende Punkt zusammen. Von reinen Anschauungen, als einem angebornen Besitz des Geistes, ist auch in Ausdrucksweisen gesprochen worden, aus denen als natürliche Konsequenz die Annahme hätte fliessen müssen, alle Wahrheit, die auf einer dieser Anschauungen beruhe, sei gleichfalls ein Schatz immerwährender Erkenntnis, mit dem wir der Erfahrung, um sie zu beurteilen entgegenkommen." Dies ist falsch; wer überhaupt von apriorischen Wahrheiten redet, rechnet sicher die mathematischen dazu; gleichwohl haben diese erst nach und nach entdeckt werden müssen. Die Welt des Selbstverständlichen liegt doch nicht selbstverständlich vor uns; auch das Allgemeingültige muss von dem Geist erst aus der Unermesslichkeit der Vorstellungen, die sein Bewusstsein wirklich füllen, aufgefunden und gesondert werden." „So kann daher eine sehr schwere Aufgabe der Erkenntnis darin bestehen, uns durch Hinwegräumung aller der Hindernisse, welche die uns aufgedrungene empirische Verknüpfung unsrer

Vorstellungen entgegenstellt, zu der Einsicht in das Selbstverständliche erst durchzuringen." S. 595. Wie in der Mathematik, so wird man auch in der Mechanik erste synthetische Sätze finden, welche als höchste Prinzipien 2 Beziehungsglieder allgemeingültig und selbstverständlich verknüpfen, die durch kein Mittel logischer Beweisführung als analytisch oder identisch zusammengehörig nachweisbar sind. Man sagt, alles unser Denken gehe darauf aus, Zusammenseiendes auf Zuzammengehöriges, synthetische Urteile auf analytische zurückzuführen. L. behauptet, dass der letzte Satz, den unsre Erkenntnis am Ende ihres Weges erreichte, doch ein synthetischer von der Form $A + B = C$ sein würde, der im Grunde nicht wunderbarer sei als der identische $A = A$. Es kann dies ja eine notwendige Folge der Beschaffenheit des Seienden sei. Es kann ja im Sein „sachlich ursprüngliche Zusammengehörigkeiten des Verschiedenen geben, ursprüngliche Synthesen, deren Beziehungsglieder durch keine Zwischenvermittlung zusammenhängen, welche ihre Vereinigung als noch so entfernte Folgen des Identitätsgesetzes erscheinen liesse, und die dennoch unmittelbar zusammengehören. Dem müsste dann das Erkennen entsprechen. „Gewiss kann es daher letzte und einfachste synthetische Wahrheiten geben, die rein aufgefasst, nicht blos thatsächlich gelten, sondern auch selbstverständlich, deren Evidenz aber, wenn man alles Logische auf den Satz der Identität gründen will, nicht mehr eine logische, sondern eher eine ästhetische zu nennen ist, und demgemäss nicht an der Denkmöglichkeit, sondern an der evidenten Absurdität ihres kontradiktorischen Gegenteils ihren Prüfstein hat." S. 607.

III. Wenn wir nun diesen Abschnitt aus der Logik überblicken, so scheint uns sein Ergebnis für die Fragen der Erkenntnistheorie nur gering; dies ist aber nur dann der Fall, wenn wir mit der Erwartung, über eine hinter der Vorstellungswelt liegende Dingwelt aufgeklärt zu werden, herantreten. Dann werden wir freilich sagen, wir bleiben bei ihm immer in der Erscheinungswelt, ohne zu dem Seienden zu gelangen; wenn wir uns aber erinnern, dass bei L. die Vorstellungswelt nicht ein verblasstes Bild der Wirklichkeit, sondern selbst ein Teil derselben, und zwar gleichsam ihre Blüte ist, so gewinnen auch alle Urteile über sie eine metaphysische Bedeutung.

Wenn wir L.'s Erkenntnistheorie zusammenfassend zu charakterisieren versuchen, so bemerken wir unbeschadet ihrer Originalität doch zwei Strömungen, eine neukantische und eine hegelsche. Wie Kant bleibt auch er in der Vorstellungswelt, in der Sphäre des Transzentalen stehen; Raum mit Katogorieen haben in ihr allein ihre Wahrheit; es gibt für Menschen nur eine menschliche, durch ihre Natur wesentlich mit bedingte Erkenntnis; und auch darin trifft L. mit Kant zusammen, dass er die praktische Vernunft, d. h. den Menschengeist nach der Seite des Fühlens und Wollens als letztes Erkenntnisprinzip aufstellt; die Wirklichkeit ist überall reicher als unser Denken und kann durch dasselbe nicht adäquat erfasst werden; aber der Geist im Ganzen kann doch ahnungsvolle Blicke hineinthun in die Wirklichkeit, kann das Ganze empfindend erleben. Ästetische und ethische Ideen, die ihre Wahrheit in ihrem Werte haben, sind die letzten Resultate unsrer Welterklärung, eine Lehre, in welcher L. ganz der durch Kants Kritik angeregten Strömung unsrer Zeit folgt.

Der einseitige Intellektualismus ist gewichen; die Überschätzung des Logischen zurückgewiesen, der Willens- und Gefühlsseite ihr berechtigter Teil an der Ausbildung der Weltanschauung zugestanden. Von Werturteilen wird heutzutage auch in theologischen Kontroversen viel geredet; es sind Urteile, die von Wert eines

Gegenstandes, eines Gedankens auf seine Wirklichkeit schliessen, gegenüber den Seinsurteilen, die nur die Überführung durch ein thatsächliches Objekt für vollgültigen Beweis der Wahrheit und Wirklichkeit gelten lassen.

Neigung zu solchen Werturteilen finden wir bei L. schon im einzelnen; das Stehenbleiben beim Solipsismus z. B., das man logisch gewiss nicht anfechten kann, nennt er geschmacklos: ein Werturteil. Am deutlichsten spricht sich L. darüber aus gegenüber der Vorherrschaft des Logischen in der Rezension: der Streit des Naturgesetzes mit dem Zweckbegriff. „Er hat nur gezeigt, was sich wohl von selbst verstand, dass keine Macht auf Erden zwingen kann, ästhetischen Anforderungen des Gemütes eine theoretisch beweisende Kraft zuzugestehen, aber mit Unrecht bestrebt er sich, durch die Künste, mit denen sich dieser abstrakt verständige Standpunkt jenen Bedürfnissen zu entziehen sucht, uns ihre Erfüllung überhaupt zu verleiden. — — — Der Philosoph muss sich erinnern, dass die Gedanken, die jedem energisch zuströmen, der mit offenem Herzen und Sinn die Natur betrachtet, ein unveräusserliches und unantastbares Gut sind, das nicht von einem Gewebe spitzfindiger Spekulationen zerstört werden darf, sondern immer als das sicherste unsrer Erkenntnis ein richtiges korrigierendes Gegengewicht gegen die Verwirrungen des grübelnden Verstandes bildet."

Sind schon im einzelnen seine Sätze so beeinflusst, so ist ebenso unstreitig das Abschliessende in seiner Weltansicht nur in einer ethischen Idee zu finden; er spricht dies auch öfters deutlich genug aus, z. B. Mikrok. III 234: „Dadurch wird er — der Realismus — stets den Widerspruch jener idealistischen Neigung des menschlichen Gemütes erwecken, welche das wahre Sein nicht in Thatsachen anerkennt, die nur sind, weil sie sind, oder angenommen werden müssen, weil Anderes ist, sondern allein in einer solchen, die durch den Wert des Gedankens, welchen sie darstellt, ihren Beruf, ihr Recht und ihre Kraft bezeugt, als das letzte Gegebene, als das höchste gestaltende Prinzip an die Spitze der Wirklichkeit zu treten."

Andrerseits ist L. doch zu spekulativ interessiert, um dies konsequent durchzuführen und auf eine Metaphysik in dogmatischem Sinne, auf jede Erkenntnis der Dinge an sich zu verzichten, etwa in der Weise Fr. A. Lange's und diese spekulativen Neigungen möchten wir das Hegelsche an ihm nennen. Das Selbstvertrauen der Vernunft, das er selbst manchmal seiner kantischen Neigung entsprechend einen sittlichen Glauben nennt, bildet für ihn die Brücke, um doch einigen erkenntnismässigen Aussagen über die Wirklichkeit an sich zu gelangen. Und wir dürfen ihm daraus keinen Vorwurf der Inkonsequenz machen; denn seine Vorstellungswelt ist eben nicht Abbild einer unfassbaren Wirklichkeit, sondern selbst Wirklichkeit, und deshalb der metaphysischen Untersuchung zugänglich. Da hören wir nun, was der Raum in Wirklichkeit sei und was ihm entspreche, die Intensität des Leidens und Wirkens, nämlich in den Dingen, dass eine eigenartige Bedingungsordnung, wenn auch nicht als zeitlicher, so doch als ein wirklicher Verlauf unserer Auffassung der Zeit entspreche; ferner dass die logischen Beziehungen als immanente Zustände in dieser Dingwelt realiter sein können, dass die Urerkenntnis synthetischer Art sei, weil auch im Realen ursprüngliche Synthesen bestehen.

Hier sehen wir also die Neigung zu einem volleren dogmatisch-spekulativen Ausbau transzendentalen Realismus. An diese Seite des Lotzeschen Denkens knüpft nun Ed. v. Hartmann seine Kritik an, um ihr Halbheit und Inkonsequenz vorzuwerfen. Der transzendentale Realismus ist ihm nicht energisch genug durchgeführt, wie er an den einzelnen Punkten zeigt. Seine Kritik geht von einem festen spekulativen Standpunkt aus und da wir ja in L. eine kantische und hegelsche Seite anerkennen, so mag Hartmann von seinem Standpunkt aus Recht haben. Doch wollen wir der interessanten und lehrreichen Kritik in den einzelnen Punkten nachgehen. An dem Substanzbegriff L. tadelt Hartmann am meisten dies, dass er ihn an bewusste Geistigkeit nach Analogie unsres Seelenlebens gebunden denkt, während schon bei unserem geistigen Leben das Bewusste nur ein geringer Teil sei, und der Glaube an die Geistigkeit der Dinge eine ebenso überflüssige als ungeheuerliche Zumutung sei. Den Einzeldingen gegenüber vergisst L. oft, dass es doch nur eine Substanz, die das All-Einen gibt, und dass Alles nur Aktion dieser Substanz ist; er fällt manchmal in den Herbartschen Pluralismus zurück. (S. 68.) L. wisse, dass weder die Fassung als Ideen, noch als Gesetz genüge, um das Dasein der Dinge zu erklären; es fehlt dabei gerade das, was ihnen den Charakter der Wirklichkeit gibt. Welches ist nun dieses Realprinzip? Weder kann es ein Wirklichkeitstoff, noch eine einmalige absolute Position sein, aber doch eine stetige Setzung der realen Beziehungen durch das Absolute. „An Stelle des unbegreiflichen Begriffes der stetigen absoluten Setzung muss der klare und deutliche Begriff des stetigen absoluten Wollens gesetzt werden, und haben wir damit das gesuchte Realprinzip, oder diejenige Aktion im absoluten Subjekt, welche zur intellektuellen Anschauung noch hinzutreten muss, um den Ideen dingliche Realität zu geben, gefunden." S. 72. L. verderbe sich auch den Begriff der Realität durch die Einmischung des Fürsichseins, der Geistigkeit oder Ichheit, was ihn zu dem weiteren Irrtum treibe, Realität sei Selbständigkeit nicht nur gegen seines Gleichen, sondern auch gegen Gott, und dass er die Möglichkeit einer objektiv-realen Erscheinung leugnet, vielmehr nur eine subjektive kenne, womit aber eigentlich jede Realität unmöglich gemacht sei, da sie eben nur in einer objektiv-realen Erscheinungswelt, nicht aber in dem überseienden Wesen der absoluten Substanz, aber ebensowenig in der reinen Idealität und realitätslosen Bildlichkeit der subjektiven Erscheinung ihren Ort haben können. In Bezug auf die Kausalität habe L. Recht, sie nur bei Annahme das Monismus erklärbar zu finden, aber es sei schon wieder eine Hinneigung zum Pluralismus, sie als immanente Beziehungen in den Dingen anzusehen, sie seien vielmehr über und hinter den Dingen im absoluten Sein.

Auch die Methode L., A und B zu isolieren, um an ihnen die Kausalität zu beobachten, sei ein überflüssiger und unphilosophischer Umweg durch den Herbartschen Pluralismus; der Blick muss immer aufs Ganze gerichtet sein.

Auch hier menge L. wieder sein verwirrendes Fürsichsein ein; das Merken und Spüren in den Dingen sei absolut überflüssig; Kausalität sei ohne solche Innerlichkeit völlig begreiflich; höchstens könnte letztere Nebenwirkung oder Begleiterscheinung sein. Dieses überall störende Fürsichsein hat die Tendenz sich zum allein Wahren zu machen; aber damit wäre aller reale Prozess zu einem blos subjektiven Schein verflüchtigt, und Kausalität wäre magisch-mystische Übertretung dieses Scheins. „Mag man sonst über die Bedeutung des Fürsichseins in der Welt und in einem philosophischen System noch so hoch denken ....., in der Betrachtung der Begriffe Substanzialität, Realität und Kausalität gehört das Fürsichsein nicht hin; das Fürsichsein ist weder Substanzialität noch Realität, und das Spüren im Fürsichsein ist nicht Bedingung für die Möglichkeit der Kausalität. Aber gerade zu diesen drei Behauptungen spitzt sich die L.'sche Ontologie zu, und in ihnen hat sie ihre charakteristische Physiognomie und eigentümliche Originalität." S. 98. So ist Hartmanns Urteil über L.'s Antologie kurz dies: Das Gute nicht neu, das Neue nicht gut. „Das Endurteil über die L.'sche Ontologie kann also nur dahin lauten, dass die aus andern monistischen Systemen entlehnten Wahrheiten durch die verkehrte Einfügung des einzigen originellen Prinzips entwertet und entstellt sind, und um brauchbar zu werden, erst wieder von demjenigen gereinigt werden müssen, was L. eigentümlich ist, von dem Prinzip des Fürsichseins." S. 98.

Gehen wir nun zur Kritik der Kosmologie. L. sucht die Undenkbarkeit einer realen Räumlichkeit zu beweisen, vergisst aber, dass es zwei Arten dieser Ansicht geben kann, die von einer substantiellen und die von einer nur akzidentellen oder inhärenten Realität des Raumes. (Ansicht Schellings.) L. beweist mit viel überflüssiger Mühe die Unmöglichkeit der erstern, und glaubt dadurch zur Annahme der Idealität des Raumes ohne weiteres berechtigt zu sein. Diese Alternative ist aber falsch. — Im Grunde ist für L. die Frage schon entschieden durch seine Ansicht, dass kausale oder Wechselwirkung nicht zwischen den Dingen, sondern nur in der bewussten Innerlichkeit der Dinge soll stattfinden können.... Wie die Ansicht von der blossen Innerlichkeit der kausalen Beziehungen und Vorgänge auf pluralistischen Boden erwachsen ist und dem L.'schen Monismus widerspricht, so auch die aus ihr gezogene Folgerung von der blossen Innerlichkeit der räumlichen Beziehungen." S. 108. In einer längern Auseinandersetzung wird dann gezeigt, dass die L.'sche Hypothese, wenn es sich darum handle die Wirklichkeit zu erklären, höchst kompliziert, unbestimmt, unklar, unbrauchbar und in manchen Punkten geradezu undenkbar sei. Hartmanns Schlussurteil: „es ist zwar anzuerkennen, dass L. die Kant'schen Beweise für die ausschliessliche Subjektivität der Räumlichkeit als nichts beweisend vorwirft und durch sein intelligibles Beziehungsnetz von stetiger dreifacher Mannigfaltigkeit mit einem Fuss auf den Boden des transzendentalen Realismus hinübertritt, aber es ist zu bedauern, dass er durch sein pluralistisch-ontologisches Vorurteil von der rein subjektiven Innerlichkeit der Wechselwirkung zwischen den Dingen sich davon hat abhalten lassen, auch den andern Fuss nachzuziehen und ganzer und voller transzendentaler Realist zu werden." S. 126.

In Bezug auf die Zeit kann Hartmann unserm Philosophen mehr Lob spenden; hier ist er realistischer gesinnt; in der Metaph. sogar rein transzendentaler Realist, die leere Zeit wird wieder unnötig breit von L. bekämpft. Doch kommt er hier zur richtigen Erkenntnis, dass reale Zeitlichkeit eine dem Verlauf des Wirklichen inhärierende Daseinsform, eigenste Natur des Wirklichen sei. Wie er das dem Raum Korrelate in Intensitätsverhältnissen der realen Kraftwirkungen fand, so hätte er das der Zeitanschauung entsprechende eindimensionale Netz intelligibler Beziehungen in dem logischen Verhältnis von Grund und Folge, Bedingung und Bedingten suchen können. L. sieht hier die Unmöglichkeit dieses Beginnens ein; Grund und Folge wären ja koexistierend; Kausalität ist aber nicht umkehrbar. Succession ist nun einmal schlechterdings nicht aus zeitlosen Momenten zu deduzieren.

Von dieser richtigen Lehre falle L. in der Religionsphilosophie wieder ab, da er sich nicht entschliessen kann, Gott in den zeitlichen Verlauf mit hineinzuziehen; er verkennt dabei, dass die unzeitliche Ewigkeit Gottes sich sehr wohl mit einer zeitlichen Thätigkeit dieses Wesens verträgt, weil er noch in abstraktem Monismus (Identifikation von Potenz und Aktus) stecke, anstatt sich zu einem konkreten Monismus hindurchzuringen.

L. wünsche eine Fortdauer der Vergangenheit, eine Erhaltung der Güter und Individuen aus einem berechtigten und einem unberechtigten Grunde. Soweit diese Sehnsucht berechtigt ist, brauche man nicht ihr zu liebe den zeitlichen Verlauf für illusorisch zu erklären, sie werde völlig befriedigt durch die Teilnahme der Individuen am absoluten Subjekt. — Der Weltgrund ist nach Hartmann verbesserungsbedürftig. „Es entsteht also die Aufgabe, einen Gottesbegriff zu konstruieren, welcher dem Rechnung trägt, nicht einen solchen, der ihn widerspricht; letzteres thut aber der mangellos unbewegliche, sich ewig gleichbleibende Gott, dessen Schöpfungszweck als in jedem Augenblick gleichmässig erfüllt gilt." S. 142. Für Freiheit in den Geschöpfen bleibt kein Raum, weil sie ja nur Aktionen des absoluten Subjektes sind, also scheinbare neue Anfänge in ihnen ja doch nur neue Anfänge in Gott wären; für Freiheit in Gott ist kein Raum, weil sie der logischen Notwendigkeit des teleologischen Fortgangs widersprechen würde." S. 143. L.'s Abneigung gegen den Determinismus beruhe ja doch nur auf Stimmung und praktischen Postulaten, sei also ohne Belang. „Die ganze religionsphilosophische Umkehrung des realistischen Ergebnisses der Metaphysik in Bezug auf die Zeit ist damit als unberechtigt aufgezeigt, und der transzendentale Realismus der L.'schen Zeitlehre bleibt in voller Kraft." S. 143, S. 148 ff. folgt nun noch eine Beurteilung der L.'schen Lehre von den Denkformen. Da L. eine Einheit der Substanz, Vielheit ihrer Aktionen, eine, wenn auch immanente Kausalität in den Dingen kenne, so erkenne er damit thatsächlich die erkenntnistheoretisch-transzendente Bedeutung und Gültigkeit der Kategorieen Einheit und Vielheit, Substanz und Akzidens, Realität, Kausalität und Wechselwirkung an und ebenso diejenige der logischen Denkgesetze. Aber er bleibe sich auch hier nicht treu; „das eine Mal will er mit Hülfe des Denkens das Seiende a priori bestimmen und die Metaphysik aus der Logik deduzieren, das andre Mal will er uns zum absoluten

Agnostizismus verurteilen, indem er alles Erkennen, nicht blos das unsrige .... für unfähig erklärt, etwas andres als subjektiven, formell wahren, aber materiell unwahren Schein zu produzieren." Der Begriff der formalen Wahrheit, d. h. die widerspruchslose Übereinstimmung des Bewusstseinsinhaltes mit sich selbst und seiner inneren Mannigfaltigkeit unter einander) kann niemals den der materiellen Wahrheit (d. h. die Übereinstimmung des Bewusstseinsinhaltes mit der korrelativen Wirklichkeit) ersetzen, wie L. glaubt." S. 150. Vielleicht ist aber diese formale Wahrheit doch zugleich eine materiale, wenn wir uns erinnern, dass die Vorstellungswelt der uns gegebene Teil der Wirklichkeit ist; es braucht dann nicht erst eine Brücke hinüber zur Dingwelt gesucht werden, die Hartmann in einer unmittelbaren praktischen Gewissheit des Affiziertwerdens durch einen fremden Zwang, eine Aussenwelt findet.

Und angenommen auch, L.'s Erkenntnislehre führe theoretisch zum Illusionismus und Skepticismus, so hat er doch in seinen Werturteilen, in der praktischen Vernunft ein Mittel, die wahre Wirklichkeit zu erfassen. Hartmann's Schlussurteil ist: Da Lotze sich in Betreff der Denkformen ebenso wenig wie in Betreff der Zeitlichkeit aus seinem Schwanken herausarbeiten und zu fester Stellungnahme auf Seiten des transzendentalen Realismus entschliessen konnte, so zeigt seine Erkenntnistheorie hier eine klaffende Lücke. Damit ist seinem ganzen System der Eckstein weggezogen, so dass es haltlos in der Luft schwebt."

Man muss dieser Kritik Hartmanns zugestehen, dass sie einheitlich und konsequent ist und manche Doppelheit in L.'s Philosophie aufdeckt. H. ist ein Ausläufer der ihrerzeit so imponierenden spekulativen Philosophie Deutschlands, Schelling nahe stehend, und teilt in seiner Philosophie alle Vorzüge und Schattenseiten jener älteren. Gerne wird man den Mut und die Kraft, bis zu dem Letzten erkennend vorzudringen, anerkennen und bewundern, und wünschen, dass es nie an Männern fehlen möge, die dies immer wieder wagen. Aber Kants Kritizismus hat uns doch zu sehr die Augen geöffnet über die Schwierigkeit, ja Unmöglichkeit dieses Unternehmens. Kants Philosophie bleibt eine Stufe in der Entwicklung unsrer deutschen Philosophie, die niemand ohne Schaden übersehen wird. Ist ja doch selbst Hartmann nicht unbeeinflusst davon: denn seine und Schopenhauers starke Betonung des Willens gegenüber der früheren Bevorzugung des Intellekts beruht gewiss neben einer vervollkommneteren Psychologie auch auf den Einfluss von Kants praktischer Vernunft.

So wenig auch H. Gutes an L. lassen will, so stehen sie sich doch nicht so fern, auch Hartmann nimmt einen Glauben, eine unmittelbare Erkenntnis als Fundament seiner Philosophie an. Andrerseits nähert sich wieder L. an Hartmann durch sein spekulatives Interesse, das er wiederholt betont z. B. Schluss der Logik: „Aber im Angesicht der allgemeinen Vergötterung, die man jetzt der Erfahrung um so wohlfeiler und sicherer erweist, je weniger es noch jemanden gibt, der ihre Wichtigkeit und Unentbehrlichkeit nicht begriffe, im Angesicht dieser Thatsache will ich wenigstens mit dem Bekenntnis, dass ich eben jene vielgeschmähte Form der spekulativen Anschauung für das höchste und nicht schlechthin unerreichbare Ziel der Wissenschaft halte, und mit der Hoffnung schliessen, dass mit mehr Mass und Zurückhaltung, aber mit gleicher Begeistrung sich doch die deutsche Philosophie zu dem Versuche immer wiedererheben werde, den Weltlauf zu verstehen und ihn nicht blos zu berechnen." Nur ist Hartmann's Monismus mehr ontologisch wie der Fichte's. Hartmann's System mag konsequenter und systematischer sein, aber es hat eben

auch den Nachteil der spekulativen Philosophie, über
Dinge Erkenntnisse haben zu wollen, die unserm Denken
entzogen sind, und deshalb manchmal an Mythologie zu
grenzen. Hartmann's Kritik zeigt uns die schon früher
konstatierte kantisch-hegelsche Doppelheit in L. noch
deutlicher. Alle die halben Ansätze zum transzendentalen Realismus, ferner der Monismus und seine obenerwähnte spekulative Neigung sind ein Erbe unsrer
spekulativen Philosophen; die von Hartmann gerügte
Idealität des Raumes, der Zeit (in der Religionsph),
der Denkformen, der manchmal hervortretende logische
und metaphysische Skeptizismus und Agnostizismus sind
kantisch. Hartmann betont sehr die Abhängigkeit L.'s
von Weisse und auch L. gesteht den tiefen und massgebenden Einfluss desselben auf seine Philosophie zu.
cf. Hartm. S. 25: Mit seinem Freund und Lehrer Weisse
fühlt L. sich anf das engste verbunden und bekennt
freudig mit der dankbarsten Erinnerung, dass er ihm
„nicht nur der Anregungen auf weiten Gebieten gar
viele, sondern auch den positiveren Gewinn verdanke,
über einen engeren Kreis von Gedanken so belehrt und
in ihm befestigt worden zu sein, dass er diesen wieder
aufzugeben weder eine Veranlassung ausser ihm, noch
einen Trieb in ihm gefühlt habe." Von ihm hat L.
seinen Glauben an die Persönlichkeit Gottes und an
ein Reich freier persönlicher Geister, die Gott gegenüber
eine gewisse Selbständigkeit behaupten.

Von diesem Glauben, den L. nicht lassen will,
kommen die von H. getadelten Halbheiten her. Er ist der
Grund, warum er ein bewusstes Fürsichsein und eine
relative Selbständigkeit der Aktionen Gott gegenüber
festhalten will, warum er überhaupt bewusste Geistigkeit
und Ichheit so hoch stellt, warum er Gott nicht in den
Zeitverlauf hereinziehen lassen will, warum er so hartnäckig die Persönlichkeit Gottes verteidigt, warum er

eine Freiheit der Geschöpfe beibehalten und die Sehnsucht der Individuen, an dem von ihnen geschaffenen Gütern individuellen Genuss zu haben, nicht unbillig findet. H. ist als Philosoph und Pantheist konsequent, in L. streitet Pantheismus und Theismus; vielleicht gibt er uns deshalb eine schlechtere Philosophie, aber gewiss bietet er uns eine befriedigendere Weltanschauung. Denn wir sind im Unterschied von H. der Ansicht, dass gerade in der kantischen Seite und den theistischen Neigungen als deren Ergänzung das Wertvolle der L. Philosophie liegt, und wenn uns der Einwand gemacht würde, das sei denn nicht mehr Philosophie, sondern Religion, so entgegnen wir, dass es eine vollständig anerkannte und gerechtfertigte Brücke von der Philosophie zur Religion gibt, die Kant gezeigt hat, wenn er sagt, dass er die Anmassungen der Philosophie zurückweisen musste, um dem Glauben Platz zu machen.

Es wird eben doch dabei bleiben, dass eine auf rein logisch-philosophischer Grundlage entwickelte und aufgebaute Weltanschauung nie die Bedeutung, die Kraft und den Einfluss erlangen und nie die Befriedigung gewähren kann, die man von der richtigen Weltanschauung erwarten darf und muss, dass die Philosophie, wenn sie auf sich selbst angewiesen bleibt, überhaupt unfähig ist, eine abschliessende Weltanschauung zu finden und wenn sie es doch versucht, nur Worte statt Wahrheiten bieten kann, dass die Philosophie vielmehr die Aufgabe hat, über sich selbst hinauszuweisen und hinauszuführen zu dem Glauben an die Offenbarung. Die Philosophie in diesem Sinne bearbeitet zu haben, wenn auch nicht ganz rückhaltslos, halten wir für L.'s grösstes Verdienst.

Die Erkenntnis der Unzulänglichkeit des menschlichen Denkens gegenüber den transzendenten Wahrheiten sollte die Philosophie nicht mehr aufgeben, vielmehr nach dem Seinsollenden als letztem Grunde des Seienden suchen, wie L. es wünscht. Da die Ideale des Seinsollenden nur in der Geschichte zu finden sind, so würde die Philosophie auch dazu geführt werden, von den unfruchtbaren ontisch-kosmologischen Spekulationen abzulassen und nach den Idealen in der Geschichte zu fragen, diese nach ihrem Werte zu beurteilen, so Geschichtsphilosophie anstatt Seinsphilosophie zu werden; auf diesem Wege würde auch die so sehnlich erwünschte Versöhnung zwischen Philosophie und Offenbarung gewiss zu erreichen sein.

Dass wir mit solcher Beurteilung der L.'schen Philosophie nicht Unrecht thun, bestätigt auch die Darstellung Erdmanns in seiner Gesch. Phil. II S. 841 f „Schwerlich wird man fehlgreifen, wenn man zu den früh unerschütterlich gewordenen Überzeugungen, ja zu ihrem Kulminationspunkt die rechnet, dass der genügende Grund für den Inhalt alles Seins und Geschehens in der Idee des Guten liege, oder dass die Welt der Werte zugleich der Schlüssel für die Welt der Formen sei.

Dieser Grundanschauung gemäss kann er in seiner Metaphysik seinen Standpunkt als teleologischen Idealismus bezeichnen und sagen, dass die Metaphysik ihren Anfang nicht in sich selbst habe, sondern in der Ethik."

Lebenslauf des Verfassers.

Als Sohn des Gerbereibesitzers Georg Pöhlmann und dessen Ehefrau Margaretha, geb. Wernlein, wurde ich Hans Adam Pöhlmann zu Goldkronach am 23. April 1872 geboren und durch die Taufe in die christliche Kirche evangel.-luth. Konfession aufgenommen. In meinem Heimatsstädtchen besuchte ich die Elementarschule, von 1882 an das Gymnasium zu Bayreuth, welches ich im Jahre 1891 absolvierte. Ich wandte mich dann dem Studium der Theologie und Philosophie zu, welchem ich 4 Semester in Erlangen und ebenso lange in Berlin oblag. Die letztgenannte Universität mit ihrem vielseitigen und reichen geistigen Leben übte auf mich einen mächtigen und für meine Weltanschauung entscheidenden Einfluss aus, ihr habe ich das Beste meines geistigen Besitzes zu verdanken. Im Jahre 1895 unterzog ich mich mit Erfolg der theologischen Aufnahmsprüfung in Ansbach.

Nach erfüllter Militärpflicht wurde ich im folgenden Jahre ordiniert und als Pfarrvikar zum Dienst in der bayerischen Landeskirche berufen.

Die Wahrheit zu suchen und ihr zu dienen, bezeichnete Lessing als des Menschen edelstes Recht und dauerndstes Glück; ihr seien mit Gottes Hilfe auch fernerhin meine bescheidenen Dienste geweiht!